瀏陽歷史文化叢書

浏阳遗珍

浏阳市博物馆 编著

岳麓書社·长沙

浏阳历史文化丛书

编纂工作领导小组

编纂委员会

序

黎春秋

在全面建成小康社会、实现第一个百年奋斗目标，迎接中国共产党成立100周年的前夕，中共浏阳市委决策、市政协主持编撰的“浏阳历史文化丛书”即将付梓，这是具有深远历史意义、重要现实意义的大事、好事。

浏阳地处湘东，位于吴头楚尾的湘赣边界。周边与铜鼓、万载、宜春、上栗、长沙、株洲、醴陵、平江等市县为邻。境内山丘绵亘，西、南稍平衍，东、北半山谷，浏阳河横贯其中，萦回百折，西流注入湘江。以城区为中心，浏阳自古被分为了东南西北四乡。东乡、西乡分别为浏阳河流域的上游和下游地区，捞刀河流域为北乡，南川河流域为南乡。全市面积5007平方公里，现有人口150万。

“江海狂澜尽东倒，却输浏水尚能西。”这里气候温和、雨量充沛、山川秀美，自古以来钟灵毓秀、物华天宝、人杰地灵。在远古时代，境内已有人类活动，他们留下了原始社会的踪迹。考古出土文物证明，距今约15万年前，浏阳土著居民已繁衍生息在这块土地上。《三国志》记载，东汉建安十四年（209），孙权拜周瑜为偏将军领南郡太守，以浏阳为其四俸邑之一。浏阳之名始见于此，千年古县从此启航。

建县以来，人文蔚起，人才辈出，薪火相传，弦歌不绝。晋代易雄，忠义千古；宋代汤璹，清风峻节；元代欧阳玄，文章道德卓然名世；明代张武，南征北战屡建奇功。清代自欧阳中鹄、刘人熙、涂启先三先生，尤其是从谭嗣同开始，浏阳人民参与了中国历史上追求解放和真理的每一个进步活动浪潮，涌现了一代又一代的杰出人物。从戊戌变法到自立军起义，从萍浏醴起义到辛亥革命，从土地革命到抗日战争，从社会主义革命到改革开放，浏阳人民始终站在时代发展的前列。谭嗣同、唐才常为探索救国救民的道路，不惜流血牺牲，肝胆相照，气壮昆仑；焦达峰、陈作新接过谭、唐的接力棒，“首应”武昌起义，“浏水堕泪”“十日千秋”；毛泽东同志三次踏上浏阳的土地，把革命的火种播撒在浏阳河两岸，无数浏阳儿女追随毛泽东同志走上了革命道路。在艰苦卓绝的革命战争年代，浏阳人口减少20万人，被追认为革命烈士的有2万人，一部分幸存者成长为党和国家的栋梁之材，如胡耀邦、王震、宋任穷、王首道、杨勇等。正如浏阳著名的特产烟花爆竹一样，浏阳以自己的牺牲和奉献，写进了中国近现代历史的长卷中，形成了“自强不息、敢为人先”的浏阳精神。

浏阳还是礼乐诗歌之邦，保存至今的浏阳祭礼雅乐被誉为“中国古代音乐的活化石”，举行祭祀的文庙至今享有盛名。一首《浏阳河》脍炙人口，唱遍全中国，传唱全世界。诸如浏阳文庙、文家市秋收起义旧址和大围山、浏阳河等名胜山川，以及众多的文物保护单位，都是浏阳享誉全国、走向世界的宝贵资源。

中华人民共和国成立以来，浏阳经济、社会、文化等各个领域蓬勃发展，成就骄人。在改革开放的伟大征程中，浏阳从实现“进百强、冠三湘”到“挺进三十强、再创新辉煌”，再到“建设两个中心、进军全国十强”，每走一步都创造了历史性的成功经验，走出了一条县域经济发展的特色之路。特别是近年来，我们坚持以习近平新时代中国特色社会主义思想为指导，认真贯彻中央、省、市决策部署，深入实施创新引领开放崛起战略，牢牢把握“在区域谋发展、在全国争地位、在全球引资源”战略定位，推动县域发展迈出新步伐。2020年，全市实现地区生产总值1493亿元，增长4.7%；地方一般公共预算收入93.4亿元，增长 5.33%。在全国百强县排名中，浏阳县域综合发展、县域经济基本竞争力、工业百强县、营商环境百强县分别跻身第 9 位、第 11 位、第 11 位、第 19 位。

抚今追昔，我们倍感先辈们留下的历史文化遗产无比厚重，中华人民共和国成立以来社会主义建设的成就无比辉煌。值此中国共产党成立一百周年之际，编辑出版一套全面、系统反映浏阳历史文化的丛书，既是全市开启建设现代化城市大局的需要，也是全市人民的期盼。浏阳文史工作者在浩如烟海的古籍文献中爬罗剔抉，在写满故事的浏阳大地掇青撷华，耗时三年，终于编撰成一部“浏阳历史文化丛书”。丛书一共 10 册，约 300 万字，近千幅图片，内容包括简史、名人、名胜、非遗、文物、诗文和民俗七大类，从多方面揭示了浏阳悠久历史的渊源和深厚、独特的文化底蕴，让人从中感触到浏阳历尽沧桑而始终保持着青春活力的千年律动和文化之魂。全书以史为据，选材真实、准确，文字生动，可读性强，可说是一部知我浏阳、爱我浏阳的百科全书，更像一座谱写浏阳人民艰苦奋斗历史壮丽华章的里程碑。全市人民定能从中汲取力量，推动浏阳经济文化大发展大繁荣，在实现社会主义现代化的历史征程中阔步前进，走向新的辉煌。

是为序。

2021 年 6 月

作者系怀化市委副书记、市长，长沙市委原常委、浏阳市委原书记

序

朱东铁

“五十里水路到湘江”，《浏阳河》这句朴实却又意境深远的歌词，一下就抓住人心，给我们展示了浏阳河袅袅婷婷、不舍奔流的秀美和沉稳，以及源于历史、开拓未来的深度和力度。

它更大的惊喜在于，当我们去关注、了解这片古老土地时，一座华美的文化殿堂赫然山立，悠远深邃，步步皆景，让人流连忘返：吴楚交会，是为通达之地；三山纵横，写尽雄浑之姿；樟树遗址，见证文明滥觞；浏阳八景，凝聚厚重人文；变法志士，开启近代呼喊；红色记忆，留存历史风云……

在生生不息、守望传承中，我们的祖先历尽艰辛，寻找、开垦、建设这块乐土；历史恢宏的阵仗里，杰出的人物光彩熠熠，灿若星河。三国周瑜少年英雄，羽扇纶巾，谈笑破敌；东晋易雄力抗叛军，杀身成仁，忠义流传；明代邓巍忠于谏议，弹劾严嵩，直面廷杖；清代谭嗣同力主维新，以身殉国，警醒世人。这，是浏阳之刚烈。

“元四学士”，文章道德，卓然名世；邱之稑精研音律，大胆质疑，修正古乐；“浏阳三先生”严谨治学，各有大成，世人推崇。这，是浏阳之风雅。

工农大纛淬炼于秋收烽火，革命精神激扬于历史风云。因为小石头可以砸破大水缸的信念，无数浏阳人选择了跟党走，跟红旗走，在艰苦卓绝的革命斗争中，这片红色的土地涌现了党和国家领导人胡耀邦、王震，以及 30 位开国将军；江山多娇养育铮铮风骨，文史流芳结出累累硕果。在风起云涌的大背景下，浏阳人既能睁眼看世界，也能俯身做学问，欧阳予倩、王人美等一大批教科文卫名人在各自领域的成就令世人瞩目。这，是浏阳之风骨。

风云长啸，江山留痕。到铁岩关下，石霜寺前，找一个时空割不断古今的理由；入浏阳文庙，金江书院，倾听文化发轫的律动；在伟人故居，革命遗存，接受前赴后继革故鼎新的精神洗礼。因为眷恋，我们记录；因为热爱，我们歌颂。于是，礼乐诗歌成为了这片土地另一张亮丽的名片，成为了湖湘文化举足轻重的一极。

所以人们说，“一方水土养一方人”。沧海月明，蓝田日暖。在浏阳的山山水水之间，从久远走来，向深远迈进的一切，或沉吟于丘壑，或闪耀于典籍，或传播于街巷，或激荡于人心。凡此种种，都是历史对浏阳的眷顾，在这座山城的煌煌千年之旅中，烙下了深深的印痕。而古往今来的文化交汇，兼收并蓄的包容心境，胸怀天下的广阔视野，博采众长的学习能力，勇立潮头的担当精神，敢为人先的磅礴气度，成就了浏阳人文不可复制的个性和特质。

联合国教科文组织提出：“发展最终应以文化概念来定义，文化的繁荣是发展的最高目标。”浏阳的文化，扎根于围山之下、浏水之滨，从刀耕火种一路走来，裹满了历史的伤痕和荣光。而它不可遏抑的前行，又记录和推动了社会经济长足的进步。从国家级贫困县迈入全国百强县前列，从偏处湘东一隅到崛起为湘赣边重镇，是传承千年的浏阳文化，给我们筑好了瑰丽的精神家园，赋予了独特的思维方式，呵护了历次果敢的出征，激发了强大的创造能力。

《周易》有言：“观乎天文，以察时变；观乎人文，以化成天下。”我们由衷感谢“浏阳历史文化丛书”的编撰——长揖历史，仰望人文，朝圣的路上有了向导；抚今追昔，振奋精神，幸福的大业有了底气。组织编撰这套丛书，内容涵盖了山水风物，历史人文，民俗风情，文学艺术等方方面面；组织编撰这套丛书，深入挖掘了浏阳的历史文化资源，全面展现了浏阳绚烂的历史文化风貌。这是文化自觉和责任担当的体现，是梳理历史和整合文化资源的结晶。

2021 年是中国共产党成立 100 周年，是“十四五”规划的开局之年，浏阳发展将翻开崭新的篇章。积极融入省（长沙）市发展大局，践行“三高四新”战略，在新发展阶段和新发展格局下，充分发挥“自强不息，敢为人先”的精神，主动作为，创造作为，有力作为，这是浏阳的历史使命。“浏阳历史文化丛书”的出版，正当其时，它记录下浏阳色彩斑斓的千年征程，凝聚起千万人开拓进取的宏伟力量，必将为浏阳的城市建设和经济社会发展提供强有力的文化支撑。

是为序。

2021 年 6 月

作者系长沙市委常委、浏阳市委书记

前言

浏阳永安镇芦塘村发现的距今约20万—15万年前的人类遗址中采集的砾石尖状器和砍砸器，印证了15万年前浏阳境内就有人类活动。

浏阳境内发现的樟树塘、朱家坪、苦竹山等30余处遗址中采集的磨制石器、打制石器、泥质红陶、夹砂灰陶残片、玉玦、玉环等文物，佐证了浏阳先民在4000年以前过上了定居生活，以农耕渔猎为业，经历了从打制石器到磨制石器，从茹毛饮血到刀耕火种，从晚期智人到现代人，从蛮荒愚昧到初期文明的艰难进化。

浏阳境内发掘出土的商代蛙纹铜铙、西周凤鸟纹铜镈、春秋雷纹陶鼎、战国蕉叶纹铜壶等系列文物，可以推测先秦时期浏阳境内的越人与南下的商人、楚人同生共息，开始追求饮食器形之美，追求礼乐的娱神与悦人，生活进入多彩阶段。

从浏阳永兴场冶炼中心、淳口盐泉、沿溪上洲、沙市窑头山、关口古家岭等窑址中采集的各类铜器、银器和釉陶棺、陶车、印模及墙砖等，彰显了宋、元、明时期浏阳民业兴旺，手工业制造达到了较高水平，经济和人文发展迅速。

荷花街道荷花村出土的“文靖书院”青铜爵及相关的祭器、浏阳文庙礼器与祭器、明象牙朝笏、“五子登科”铜镜，折射出当时浏阳官办教育和民办教育的兴盛，堪称“儒雅之乡”。

“对历史文化，要注重发掘和利用，溯到源、找到根、寻到魂，找准历史和现实的结合点，深入挖掘历史文化中的价值理念、道德规范、治国智慧。”为落实习近平总书记的指示精神，《浏阳遗珍》一书就是从浏阳市博物馆馆藏文物中和收藏在故宫博物院、湖南省博物馆、长沙市博物馆、长沙简牍博物馆、衡阳市博物馆中与浏阳紧密相关的文物中遴选精品。本书编目共176篇，分为铜器、文靖书院礼器、陶瓷器、石质器、浏阳文庙祭孔乐器、玉器、纸

质品、金银器、花炮文物、竹木器、杂件等10个专题来介绍。此外，还收录了一批由天津图书馆收藏的唐寿田、唐才常父子等人的信函手迹，经夏剑钦先生精心识读点校，作为本书的“补录”向学界公布，佚文重光，弥足珍贵。通过溯源守根，纵横论述，旁征博引，介绍每一件文物的前世今生，旨在使读者从这些不同时期的出土和传世文物身上，聆听到浏阳历史的前行足音，品读到域内文化的厚重斑斓。力求增强浏阳人的自信心和自豪感，为浏阳的发展与进步提供重要的精神滋养。

浏阳市博物馆

2020年7月

目录

陶瓷器 / 65

石质器 / 121

浏阳文庙祭孔乐器 / 155

玉　器 / 189

纸质品 / 205

金银器 / 235

铜器是指以铜金属为基本原料加工而制成的器物。我国的铜器制作历史源远流长，享誉世界。古人制造的精美铜器，是我们祖先对人类物质文明的巨大贡献，也是人类历史长河中的一道亮丽风景。

我国铜器的起源可上溯到公元前3000年左右。早期铜器是红铜（纯铜）与锡或铅的合金，埋在土里后颜色因氧化而青灰，故名青铜，熔点在700~900℃之间。青铜文明或称青铜时代，考古学上是指以使用青铜器为标志的人类文化发展的一个阶段。这时期，青铜器在人们的生产、生活中占据重要地位。青铜器的出现也是人类进入文明时代的标志之一，著名考古学家夏鼐先生在《中国文明的起源》中提出：中国早期文明产生的三个标志和要素是青铜器、城堡和文字。文献记载和考古成果证明，青铜器按照用途可以分为礼器、兵器、酒器、炊器、食器、乐器、车马器等，最多的是礼器。礼器里面也有酒器、食器，即主要是祭祀时用来盛装酒和食物的容器。此外，青铜也被用来制造斧、锛、凿、锥、刀等生产工具，随着青铜工具的出现，农业和手工业的生产力水平逐渐提高，物质生活条件也渐渐改善和丰富，人类文明进入了一个新阶段。

青铜器是中华文明的瑰宝，折射出深厚的历史文化内涵，是古代劳动人民勤劳和智慧的结晶，也是我国夏商周时期高度发达的文明的典型代表。享有青铜器是当时贵族的标志和权力的象征。古代青铜器同时也是艺术珍宝。造型优美、纹饰精致、形象生动、技术高超、种类繁多的青铜艺术是中国历史上灿烂的文化遗产，对中华民族以后各种艺术的发展都产生了深远的影响。

战国至秦汉时期，传统的礼仪制度已彻底瓦解，

铜器

铜礼器逐渐退出历史舞台，铁制品已广泛使用，兵器、工具等方面，铁器已经占据了主导地位。到了东汉末年，陶瓷器得到较大发展，把日用青铜器皿进一步从生活中排挤出去。

唐宋时期的铜器主要是各类精美的铜镜。唐宋至明清时期，铜器制作工艺有了新的拓展，器物外观颜色多样，出现了黄铜、红铜、白铜等产品。黄铜是指铜锌合金，因其颜色金黄而得名，它具有较高的硬度和较强的耐磨性，是一种性能优良的铜合金。红铜亦称纯铜或紫铜，其硬度低，熔点高，有较好的延展性。白铜则指的是铜镍合金或铜砷合金。这些颜色的铜器在浏阳也屡见不鲜。

浏阳自古人杰地灵，先人们用勤劳和智慧不断开拓，不断创造，为我们留下了许多珍贵的遗产。浏阳境内发现了许多商周时期精美的青铜器，有卣等礼器，有铙、甬钟等乐器，有壶等酒器，还有戈等兵器。透过这些绿锈斑驳的青铜器，我们可以略窥古代的社会状况和战争场景。浏阳珍藏的青铜器不仅品类丰富，制作优良，而且技术娴熟，工艺精湛，见证了浏阳悠久的历史文明。到了宋代，南方地区经济繁荣，浏阳保留下来许多质地优良、式样繁多的铜镜，从侧面阐释了这时期社会生活的丰富内涵。从留下的件件实物中，我们能够了解古代浏阳的生活风貌，可以看到当时经济、文化、艺术的缩影。铜镜是古人用来妆饰理容的一种生活用品，正面照容，背面往往装饰有精致丰富的图案，以寄托人们的美好愿望。古人讲究“正衣冠”，特别是妇女，极为看重妆颜。孟子曰：“爱美之心，人皆有之。”向往美、追求美是人的本性。浏阳市博物馆收藏的铜镜正是古人勤化妆和追求美的生动例证。

蛙纹铜铙 商

高 44.5 厘米，鼓间宽 17.5 厘米，重 20700 克

现藏长沙市博物馆

◎这件铜铙器身呈合瓦状，以粗线条的简化兽面纹装饰的部分为“钲”，兽的双眼饰以浮雕蛙，蹲踞昂首。钲部四周以云雷纹填饰。铙身下部管状的部分为“甬”，中空通腔，外部有“旋”。

◎铙是最早出现于商代的打击乐器，其最初的功能是传军令之用，主要是用于指示停止击鼓，以便指挥退军。后用于祭祀和宴乐之中。铙口朝上，甬部立于底座，演奏时以锤敲击，声音浑厚悠扬。西周时期的甬钟就是由铙发展演变而来的。铙是长沙商周青铜器群中最具特色的器物之一，长沙也是出土铜铙最多的地区。1983 年宁乡月山铺出土的商代象纹铜铙是中国最大的铜铙。1993 年宁乡老粮仓师古寨山出土的商代青铜编铙为中国最早能成编演奏的青铜乐器。

◎ 铙最早出现于商代晚期中原地区，在商末周初传到南方，多单个出现且体积较大，是南方越人重要的祭祀礼器。铜铙上的兽面纹和蛙纹代表了古人的图腾崇拜。兽面代表着人与神交流的媒介。在祭祀过程中，巫师利用青铜器上的动物与神灵交流。浮雕蛙纹应该是源于对蛙的图腾崇拜，寄托着先民们避免和战胜水患的愿望和多多繁衍后代的期盼。

◎1985 年，浏阳柏加乡（现柏加镇）柏加村的李德华在紧邻浏阳河的二级台地上取土时发现此件蛙纹铜铙，并主动上交给文物部门。正是这位村民深明大义的举动，让我们得以窥见浏阳商周时期的青铜文明之光。这件铜铙的出土对于研究浏阳早期先民的青铜铸造技术与宗教信仰都具有重要意义。

青铜羊头饰 商

通高 13 厘米，宽 14 厘米，面部高 6.6 厘米，
面部宽 8.5 厘米，重 500 克

现藏长沙市博物馆

◎该器物于 20 世纪出土于浏阳城区，是一件晚商时期大型青铜器（如巨型瓿，大口尊）的构件，通常装饰于青铜重器的肩部。

◎该器作羊头面具状，壁厚度 0.5—1 厘米不等，羊头面部装饰纹饰，两眼作圆形外凸，以粗线云纹衬地，两边不对称；羊角弯曲，角尖向两侧外伸，上饰锯齿状纹饰，弯角内饰细线云雷纹。整个器物造型生动，纹饰古朴，工艺精美，是商周时期动物形装饰青铜器的精品。

◎羊是商周时期青铜器着力表现的对象，有其独特的象征意义。羊有“跪乳”的习性，被视为善良知礼，甚至被后世演绎为孝敬父母的典范。《诗经·召南》云:“文王之政，廉直，德如羔羊”。羊最通俗或民间化的象征意义是“吉

祥”。1938年湖南宁乡县黄材镇月山铺转耳仑的山腰上出土的四羊方尊，是目前出土的中国商代青铜方尊中器型最大者。其采用分铸技术，即将羊角先行铸好，而后将其置于外范内再进行整体铸造，一气呵成之后的四羊方尊，被史学界称为“臻于极致的青铜典范”，还被列为中国古代十大传世国宝之一。

◎湖南出土的以四羊方尊为代表的表现羊的青铜器，既保留了原始的图腾崇拜，又有替代羊作为牺牲献祭给神明的意思，同时还包含了对羊等家畜养殖兴旺的期盼。

兽面纹提梁铜卣 商

高 27.8 厘米，口径 14.4—11.6 厘米，
底径 16.6—13.9 厘米，重 4539 克

现藏长沙市博物馆

◎这件器物通体碧绿，由器盖和器身两部分组成。器盖隆起，垂腹，矮圈足。盖顶铸有六瓣花蕾形捉手，盖两侧挑出双角，颈部纵向设置提梁（出土时已缺失）。全器以细密的阴线云纹作地，盖面饰兽面纹，盖沿及颈部、圈足饰夔龙纹，腹部浮雕大兽面，兽面双目巨大夸张。盖、腹、圈足饰有四道扉棱。整器造型独特，纹饰粗犷，体现了商代高超的青铜铸造技艺。已故美国哈佛大学人类学者张光直教授在《中国青铜时代》一书中评价中国青铜器的"狞厉之美"时，认为这件商代兽面纹提梁卣极具典型性。

◎ 卣为商周时期的一种盛酒器。商代早期出现，一直盛行至西周早期。商人好酒，因此商代的青铜礼器中酒器较多，诸如卣、爵、觚、觯、尊、壶等。商亡周始，西周统治者鉴于商人酗酒亡国，遂大力禁酒。卣等多种酒器逐渐消亡于历史的变革中。

◎这件铜卣是 1971 年，浏阳秀山乡堡塘村村民陈希柏在参与当地水利建设时挖到的。1982 年，他听说长沙市文物工作队进行文物大征集，于是带着这件器物辗转来到了长沙市文物工作队设立的文物征集办，征集办的工作人员当即征集了这件文物。陈希柏将青铜器捐到长沙的事迹，自此在当地流传。

云雷纹青铜甬钟 西周

宽 20.5 厘米，高 36.6 厘米，重 6990 克

现藏浏阳市博物馆

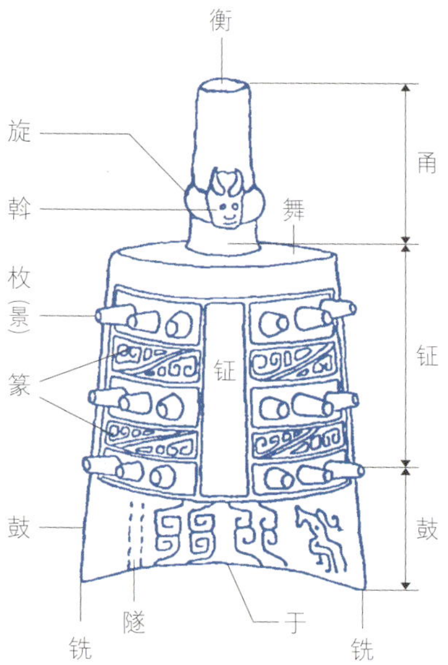

甬钟各部位名称

◎该件青铜甬钟于 1997 年 7 月出土于浏阳市永安镇永和村捞刀河的台地上，

◎为国家一级文物。甬钟呈扁圆腹腔式，顶部有长柄，底部呈圆弧口，身上均匀分布两组短枚，枚间饰有云雷纹。其铸造精工，湖南省博物馆著名青铜器专家熊传薪称："这口甬钟是战钟，为古代战场上敲击命令军队撤退时使用。"

◎甬钟，周代青铜乐器，属打击乐器类，合瓦形结构，因最上面的平面"舞部"之上立有"甬柱"而区别于舞部上立有悬钮的钮钟而得名。其形式是从商代青铜铙演化而来。西周中期开始出现了直挂的钟。斜挂的钟称之为甬钟，直挂的钟称之为钮钟。甬钟主要由舞部（甬钟最上端的平面）、钲部（甬钟立面中部狭长条状区域）、篆部（钲部两侧）、鼓部（篆部下方）、枚（钟面上的乳丁状突起）、铣（钟下两角）等部分组成。

◎无论甬钟或钮钟，其共鸣箱凡为扁突体似上下覆瓦的，都可以敲击出两个音。一个音在鼓的中心位置发声，另一个音在鼓侧发声，按物理震动模式，这种钟的敲击点不同，其震动模式也不同，所以，这种结构的钟称之为双音钟。商的铙、钲，商周之际的无旋钟和西周的甬钟等都能发出两个不同的音频。钟以合乐，铭文通称为龢钟，是古代宫庙中祭祀和宴飨奏乐时不可缺少的。

◎浏阳这片神奇的土地由于商周文明的南播以及本地文明的发展繁衍而孕育出了较为发达的青铜文明。新中国成立以来，一批器形优美、制作精良的商周青铜器在这片土地上被发现。在这口甬钟被发现后，相继出土有铙、钟等青铜器。这生动地反映了浏阳与中原文化联系密切，当时的社会发展水平和文明程度已是很高了。

凤鸟纹铜镈 西周

通高32厘米，重4000克

现藏湖南省博物馆

◎这件铜镈于1980年出土于浏阳淳口乡黄荆村，为西周时期打击乐器，器型上窄下宽，顶部有长形环钮，镈体饰有兽面纹，四周为勾连纹宽框，两侧扉棱饰高冠凤鸟，下口部截面呈合瓦状，通体有绿锈。

◎铜镈可与青铜甬钟、钮钟、编磬组合，用于祭祀和宴会演奏乐曲。这件铜镈最独特之处便是两侧扉棱上的高冠凤鸟纹。凤鸟纹是西周时期青铜器上的主要纹饰之一，凤是传说中羽冠华丽的神鸟，代表了人与天神沟通的灵物。以凤鸟为装饰是早期先民图腾崇拜的一种表现。

“S”形云纹铜鼎 春秋

高 15.8 厘米，口径 13.5 厘米

现藏浏阳市博物馆

◎这件青铜鼎是20世纪80年代由浏阳文管所工作人员任世长等人所征集。其为春秋时期的楚式鼎，方型双竖耳，子母口，圆帽形盖，盖面有桥形兽纽；圆鼓腹，三蹄足，鼎盖及鼎腹部满饰有“S”形云纹。

◎春秋时期，长江以南的大部分地区，都是百越民族聚居之地。生活在长沙及其周边地区的一支，被称为“扬越”。楚人以江汉平原为据点，经澧水流域和洞庭湖东岸南下，席卷沅湘，春秋早中期进入湘江下游区域，至迟在春秋晚期占领长沙地区。

◎青铜鼎是一种食器，主要用于烹煮食物，也可以煮汤或在祭祀宴飨时盛肉。青铜鼎由新石器时代的陶鼎发展而来，盛行于商周，一直沿用至两汉乃至魏晋。在商周时期，鼎作为青铜礼器，用来“明尊卑，别上下”，是统治阶级等级和权力的象征。商代的中小型墓葬多以一、二件青铜鼎陪葬，而王室陵墓陪葬的青铜鼎则可多达数十件。西周时期，这种等级秩序更为明显，周王室制定了专门的列鼎制度。《公羊传·桓公二年》记载：“祭礼，天子九鼎，诸侯七，大夫五，元士三也。”

蟠虺纹铜鉴 春秋

高 8.9 厘米，口径 28.3 厘米，底径 21.5 厘米

现藏浏阳市博物馆

◎此器物于 1986 年出土于浏阳达浒乡。敞口，平底，器底有小三足。口沿外部饰云雷纹。腹部以圆圈状的蟠虺纹为主体纹饰，以弦索纹间隔。近底部以三角状的蕉叶纹装饰。

◎鉴为盛水器。在铜镜没有盛行的时期，古人以鉴盛水照面容。除盛水外，又可用于盛冰或盛水沐浴。鉴最初为陶制，也就是陶盆，春秋时期开始出现青铜鉴。这件蟠虺纹铜鉴，造型规整，纹饰精细，是研究春秋战国时期浏阳历史的重要实物。

铜锛 春秋

长 11.5 厘米，锋宽 4.2 厘米，尾宽 4 厘米

现藏浏阳市博物馆

◎这件器物于 1986 年出土于浏阳金刚乡。通体素面，器身呈长方形，内部空心，尾部有方形插孔，可将木制手柄接入，前锋弧刃。

◎这件铜锛是春秋时期用于砍凿的一类青铜工具。在青铜器出现前，人类通过对石头进行磨制，制造用于砍凿的石器，费时费力。这类青铜工具出现后，极大地提高了生产效率。

铜 锛 战国

长 8 厘米，锋宽 4.2 厘米，尾宽 4.1 厘米

现藏浏阳市博物馆

◎这件器物通体素面，器身呈长方形，器身中部略内收，内部空心，尾部有方形插孔，可将木制手柄接入，前锋弧刃。

◎铜锛是用于砍削木料的工具，最早出现于商代，在春秋战国时期被大量使用。

越式铜鼎 战国

高 11.5 厘米，口径 11.2 厘米，足高 4.8 厘米，腹深 5.5 厘米

现藏浏阳市博物馆

◎这件铜鼎于 2003 年出土于浏阳市官渡镇出口花炮厂。敛口、两方耳直立，圆腹，圜底近平，蹄形三足瘦高外撇，器表素面无纹饰。

◎越人是生活在长江中下游以南和东南沿海广大地区的一个古老民族。《汉书·地理志》记载："自交趾至会稽七八千里，百越杂处，各有种姓。"在楚人入湘前，扬越人活跃于长沙及其周边地区。长沙地区发现的春秋战国时期的越人墓葬及其出土文物，反映了扬越文化的面貌。

◎南方越人所使用的鼎与中原地区的铜鼎有很大不同，往往纹饰简单，多素面，器体单薄，器底有较厚的烟灰，表明越人可能通常将鼎作为实用器来使用。

蕉叶纹铜壶 战国

通高 35 厘米，口径 11.6 厘米，底径 15.5 厘米，腹径 24.5 厘米

现藏浏阳市博物馆、长沙市博物馆

◎铜壶直口，肩部有环，圆腹，圈足。通体布满纹饰，可分为口颈、上腹、下腹三个部分，各部分以云纹组成的纹饰带间隔，口颈部饰正反相错的蕉叶纹；上腹、下腹纹饰同样以正反交错的蕉叶纹为主体，同样以云纹组成的曲折纹饰带间隔。整器造型端正，纹饰繁缛精美，勾连云纹内当时应镶嵌有绿松石等，是南方出土十分罕见的战国时期楚式青铜礼器。

◎青铜壶是商周时期的盛酒器，亦有作为水器使用，器身多为圆形，亦有方形。青铜壶最早出现于商代早期的中原地区，后世相继沿用这种器型。这件蕉叶纹铜壶的出土，表明在战国早中期，浏阳已经被纳入了楚国的疆域范围。

◎这两件铜壶于 2003 年在浏阳官渡出口花炮厂的改扩建工地上出土，当时由于施工影响，器物出土时已碎成数十块碎片。2012 年，经长沙市博物馆的文物保护专家的修复，才得以完好如初。因修复费用等原因，一对修复完整的蕉叶纹铜壶由长沙市博物馆和浏阳市博物馆各藏一件。

云雷纹铜组钟一套（九件）战国

高 14.8—22.8 厘米

现藏湖南省博物馆

◎这套钮钟于1978年出土于浏阳北星，全套共九件，造型、纹饰完全相同，唯大小依次递减。钟身呈扁筒形，舞上有扁条方型纽，纽上饰云雷纹，舞面被分成四等分，钲侧饰篆带两层，篆带上下及两篆间有旋涡形的凸枚六组，凸枚为乳头状，共计三十六枚。枚与枚之间有云雷纹，舞间、篆带和隧部饰蟠螭纹。

兽纹铜铃形席镇 战国

腹径 6 厘米，高 4.4 厘米，重 53 克

现藏浏阳市博物馆

唐·孙位《高逸图》（线描示意图）

◎战国兽纹铜铃形器共一组三件。通高 4.4 厘米，腹径 6 厘米，重 53 克，呈半圆状，顶部残失一小部分。该器物腹部及底部分别线刻一圈纹饰，每一圈阴刻 8 只凤鸟。腹部两凤相对，头朝内；底部两凤相对，但头朝外。每一只凤鸟均头有翎毛，嘴喙弯尖，长颈，振翅，长尾，屈足，刻画生动。铃形器顶部与腹部之间由两圈弦纹隔开。顶部线刻 8 条龙，张爪吐舌。整件器物在满布的龙凤纹饰映衬下，充满了神秘色彩。

◎浏阳市博物馆收藏有三件此类器物，形制纹饰相同，但另外两件残损较大。结合湖北荆州、天门与浙江绍兴等地出土此类文物的研究，应为战国铃形青铜席镇，一般以四件一组出现。

◎《说文》："镇，博压也。"《广雅疏证·释诂》"镇，重也。"镇起源于魏晋以前，古人席地而坐，在地上铺设席子等物以为座，《论语》"席不正，不坐。""君赐食，必正席，先尝之。"为了避免由于起身落座时折卷席角或牵挂衣饰而影响仪态，于是出现了用重物压于席之四隅的席镇。该套战国铜席镇，其上线刻有精美的龙凤纹，应该与楚国尊凤崇龙的习俗有关，反映了战国时期浏阳人日常生活的一个侧面和当时人们的精神信仰。

空首铜剑 战国

长 39.2 厘米，宽 4 厘米

现藏浏阳市博物馆

◎该铜剑于 1986 年出土于浏阳洞阳乡。器身由剑身和剑柄组成。剑身中部凸起为“脊”，两边坡状部分为“从”，从边缘锋利部分为“刃”，两侧刃在剑顶端收聚成锋。剑柄即手持握的部分，称为“茎”，茎尾部圆形部分称“首”，剑首中间空心，剑身与剑茎之间有一字型护手，称为“格”。

◎青铜剑是一种近身格斗武器，可刺可砍，西周初期已经流行，春秋时期逐渐增多，战国至秦汉最为盛行。古代贵族佩剑也有彰显身份等级的作用。

青铜戈 战国

长 17.5 厘米，宽 9 厘米

现藏浏阳市博物馆

◎这件铜戈通体素面无纹饰，“援”部较平直，援尖端为“锋”，两侧锋利部分为“刃”，“胡”上有四个穿，另一侧长方形的“内”上有一穿。

◎2018 年，长沙市文物考古研究所在浏阳古港镇古城村发现一座城址，初步确定城址的年代在战国至汉代，为浏阳迄今为止所见的年代最早的城址。这件铜戈正是 1986 年古港古城村村民周兴来在自家后院挖沼气池时发现的。2020 年 4 月 2 日，浏阳市博物馆闻讯，馆长寻春林、副馆长任伶俐在村支书的带领下上门征集了这件青铜器。这件铜戈和古港古城遗址是研究浏阳早期历史的重要物证。

云雷纹越式铜剑 战国

通长 15.5 厘米，剑柄长 7.5 厘米

现藏浏阳市博物馆

◎该剑于 2007 年出土于浏阳小河乡，是越人使用的短剑。剑身截面呈菱形，剑脊凸起明显，锋与刃部略残。剑茎截面也呈菱形，剑首、剑茎均以云雷纹装饰。

◎短剑一般用于近身防御，而这件铜剑的剑茎装饰有精美的云雷纹，并非一般的兵器，说明其使用者的身份高贵，或是用于祭祀等特殊用途。

四穿铜戈 战国

长 19.6 厘米

现藏浏阳市博物馆

◎这件铜戈于 2007 年出土于浏阳小河乡，是战国时期楚人所用的兵器。器身长条形锋刃部分为"援"，援尖端为"锋"，两侧锋利部分为"刃"，戈中部带穿孔的部分为"胡"，胡上有四个穿；另一侧近长方形的部分为"内"。将戈用绳索捆绑于长木棍"柲"之上，就可以用于攻击敌人。

◎戈是商周冷兵器时代中最为常见的一种，用于钩杀敌人和战马。戈需捆绑于木质的"柲"上，由于年代久远，柲多已腐烂。

素面铜熨斗 汉

高 8.5 厘米，口径 13.2 厘米，底径 10.4 厘米，
手柄长 10.9 厘米

现藏浏阳市博物馆

◎这件熨斗于 20 世纪 80 年代出土于浏阳普迹的一处铜器窖藏中。器身由斗身和斗柄两部分组成。器身为圆体，平底，敞口，外部有长直柄，素面无纹饰。

◎熨斗，熨烫衣料用具，亦称“火斗”“金斗”，取象征北斗之意。熨衣前，把烧红的木炭放在熨斗里，待底部发热时使用。我国熨斗最早的历史可上溯至商代，是作为刑具而发明的。汉代始用于熨烫衣服并流行于明清。这件熨斗符合汉魏时期同类器物的基本特征，是研究汉代浏阳百姓日常生活的宝贵材料。

弦纹铜碗 汉

高 7.1 厘米，口径 19.7 厘米，底径 12.1 厘米。
现藏浏阳市博物馆

◎该铜碗是 20 世纪 80 年代由浏阳文管所工作人员任世长等人所征集。器物直口，折沿外翻，尖唇，直腹，下部内收，平底。口沿下饰弦纹一道，腹部饰弦纹三道。

◎盛食器皿碗早在新石器时代就已出现，但多为陶器。秦汉时期，随着铜制品地位下降，铜器逐渐进入到普通百姓的日常生活中。这件铜碗纹饰简洁，应是一件实用器，正是这种变化的真实写照。

内底铭文“五珠”

底部铭文
“永元十六年二月廿八日戌子李氏作用”

神兽纹铭文铜镜 魏晋

直径 12.3 厘米，厚 1.1 厘米

现藏浏阳市博物馆

◎铜镜为圆形，镜背部中心为半球形镜钮，四周为三神兽、三仙人相间排布，神兽纹外沿为一圈铭文装饰。制作精良，品相极佳。

◎铜镜作为一种照面用具，最早出现于新石器时代晚期的齐家文化遗址中，距今已有约 4000 余年的发展历史。镜正面磨砺光洁，背面有钮可穿线绳。这种神兽铭文铜镜是汉代到魏晋时期广为流行的铜镜形式，浮雕神兽栩栩如生。

亚形龙纹铜镜 唐

直径 15.5 厘米，厚 1.2 厘米
现藏浏阳市博物馆

◎铜镜为倭角亚形，四边宽平高起，内有一盘曲巨龙，占据整个镜面。首尾回环，奋力张口，龙爪坚韧有力，龙鳞清晰，龙须飘逸。最独特之处，在于圆钮作珠，似巨龙含珠，可谓匠心独运。

◎大唐盛世，文化与经济繁荣，唐代铜镜成为中国铜镜的一大高峰。铜镜用料与制造均属上乘，外形上突破了前代较为单一的圆形，新出现亚形、葵形、菱花形等，纹饰更多样化，开始以单幅完整图案装饰，内容涉及花草、神兽、动物、人物等。

菱形暗纹铜镜 宋

直径 14.3 厘米，厚 1 厘米

现藏浏阳市博物馆

◎铜镜为圆形，镜身较薄，窄边高起，镜背中心为圆形镜钮，镜背细看饰有菱形暗纹，纹饰纤细，浅而紧密。

◎宋代连年战乱，铜料大量用于制造钱币和兵器，因此铜镜用料较少，质量较前代有所下降。

菱花形八卦纹铜镜 宋

直径 9.9 厘米

现藏浏阳市博物馆

◎镜身呈六瓣菱花形，背部正中为镜钮，周围饰八卦纹。宋代，弥漫着神秘色彩的道教纹饰也逐渐兴起。道教是根植于本土的宗教，作为道教法器之一的铜镜自然也被打上道家文化的烙印，如八卦、仙人、龟鹤等是这一时期铜镜上常见的道教纹饰。

“香奁之珍”铭文铜镜 宋

长 10.7 厘米，宽 7 厘米，厚 0.3 厘米

现藏浏阳市博物馆

◎器身为长方形，背部正中为镜钮，周围铸有“香奁之珍，万象具焉”八字楷书铭文。香奁，是古代妇女的妆具，用来盛放香粉、镜、梳等化妆用品的匣子，类似现代女性所用的化妆包。“香奁之珍”即把这铜镜比作香奁中的珍宝。“万象具焉”指能把宇宙内一切事物景像收纳镜中，意为拥有这面铜镜，即拥有世间万物之意，是对铜镜的极大赞美。

◎宋代商品经济发展，商家为推销产品而设计的新颖别致的广告语，主要是夸赞镜子的作用，这件“香奁之珍”铜镜上的铭文，还有“照我百年”“铸铁为鉴，衣冠可正”“八面玲珑，一尘不受”等精巧短语，均为铜镜制造者的宣传用语。

四花方形铜镜 宋

直径 12.4 厘米，厚 0.5 厘米

现藏浏阳市博物馆

◎镜身呈正方形，背部正中为镜钮，四周为四瓣花串联构成的纹饰网带，四边宽平高起。

“月树堂王”铭文铜手炉 宋

长 11.7 厘米，宽 9.5 厘米，高 9.9 厘米

现藏浏阳市博物馆

◎该炉器身呈椭圆形，子母口，带团花镂孔器盖，肩部有提梁，鼓腹，平底。器身素面，器底有“月树堂王”铭文。使用时在炉中盛装火炭或尚有余热的灶灰，可以暖手。

◎器物底部的铭文是器物使用者的标记。古代文人雅士喜欢将自己的书房命名为“某某堂”或“某某轩”等。这件手炉的主人将书房命名为“月树堂”，他本人姓王，因此铸铭“月树堂王”。

“辛巳年”铭文三足铜炉 元

高 16.7 厘米，口径 19 厘米

现藏浏阳市博物馆

◎铜炉敞口，平折沿，腹部歙收，平底。腹两侧有耳，腹下部附三鼎足，其中两个鼎足间有开口。器身被弦纹分为七层，局部以乳钉纹装饰，一层铸有“辛巳年”铭文，即是铸造的年份，当为元惠宗至正元年（1341）。

◎这件铜炉是民间宗教、祭祀焚香所用。

"大德二年浏阳州造" 元 铭文铜权

高 9.7 厘米，足径 4.5 厘米

现藏浏阳市博物馆

洪洞水神庙元代壁画卖鱼图

◎该铜权，上有倒梯形钮，中有一圆孔，鼓腹束腰，腹下为圆台阶式底座，腹部阴刻"大德二年（1298）""浏阳州造"两组铭文。

◎铜权，即秤砣。元代铜权形制基本可分为鼓腹束腰形和六面体形两种，其实重越大，最大称量越大。该铜权实重 594 克，元代一斤约等于今 607.2 克，推测其最大称重为 9 千克左右。

◎铜权上"浏阳州造"铭文，说明该铜权制造于浏阳。元代度量衡器由户部制造标准器，颁发给各路，各路则依样制造，铜权的制造受各级地方政府监督管理。由于元朝早期，政治清明，社会稳定，经济逐渐繁荣，据《元史·地理志》记载，浏阳"唐、宋皆为县。元元贞元年（1295），升州"。清雍正《浏阳县志》："元贞元年，以户口增至万，升县为州。"《元史》记载"升江南平阳等县为州。以户为差，户至四万五万者为下州，五万至十万者为中州"，可见，作为中州的浏阳，其户数在五万至十万之间。小小的一枚铜权，折射出元代规范完备的社会管理制度，牵发出的却是浏阳那段深藏于岁月中的历史风云。

菱花形楼阁人物纹铜镜 元

直径 16.8 厘米，厚 1.7 厘米

现藏浏阳市博物馆

◎铜镜为菱花形，窄边凸起，半球形钮，镜背饰楼阁人物花纹。

◎人物故事纹饰自唐代开始盛行，包括日常生活场景以及语言典故，如许由巢父、犀牛望月、嫦娥奔月等等，这样的装饰大大增加了铜镜这种日常生活用品的观赏性。

神兽纹铜镜 明

直径 15.2 厘米，厚 1.5 厘米

现藏浏阳市博物馆

◎铜镜平面为圆形，中心为半球形钮，四周为神兽纹，镜边缘饰两层缠枝花纹。

◎这件器物与汉代铜镜十分相似，但缺乏神韵，神兽造型生硬，实为仿古之物。

鼎形双剑纹铜镜 清

口径 15 厘米，厚 1.1 厘米

现藏浏阳市博物馆

◎镜身为鼎形，镜钮在鼎口位置，两旁为立耳，镜身下部为一双鼎足，锯齿花边，镜背饰双剑纹饰。

◎鼎与双剑装饰带有道教文化意味，这件铜镜并非照面所用，而是带有驱邪避灾的意义。

云纹铜钟 清

口径 12.7 厘米，高 17 厘米

现藏浏阳市博物馆

◎钟顶部为挂钮，肩部贴附云纹装饰，近钟口处饰多道弦纹。

◎这件铜钟与寺庙中的铁钟形制相同，但体量小，应是学堂、寺庙等场所用以报时敲打的小钟。

“文靖书院”铭文铜豆 元

高 21.6 厘米，盖径 15.5 厘米

现藏湖南省博物馆

◎铜豆分盖、器身和圈足三部分组合，器身浅盘，盘底有铭文：“大元大德乙巳四月一日丙午潭州路浏阳州文靖书院之宝始供祀吏铣山修司其永保用”。底内空，有圆形缺口。喇叭状镂空圈足。

◎豆为盛食器，盛肉酱腌菜。

“文靖书院”铭文铜爵 元

高 23 厘米，宽 17.3 厘米
现藏浏阳市博物馆

◎这件铜爵口近流处有立柱，一侧有兽首鋬，形制同于商周青铜爵，用于盛酒。铭文铸于流尾，铭文其一为“大德乙巳文靖书院”，另一为“皇庆壬子冬文靖书院造”。

“文靖书院”铭文铜簠 元

高 23 厘米，宽 24 厘米，口径 29.1 厘米

现藏湖南省博物馆

◎铜簠共一套四件。器身为长方形，器盖和器身形制、纹饰相同，圈足和把手为起伏的镂空花边形，盖、身两侧皆设环形耳。器盖上饰水波纹，近口处饰以重环纹，盖顶和器底均以兽面纹装饰。器内底和盖内有铭“大元大德乙巳四月二日丙午潭州路浏阳文靖书院之宝始供祀吏铣山修司其永保用”。

◎簠为古代食具，其功用与簋一样，是盛稻、粱、黍、稷的器物。

“文靖书院”铭文铜羊尊 元

高 31.5 厘米，长 36.5 厘米

现藏湖南省博物馆

◎牺尊形态似羊，通体素面。羊站立，昂首嘴微张，双耳竖立，背微下凹，背部开椭圆形口，盖已失。

◎尊为酒器，用以盛酒。

“文靖书院”铭文铜象尊 元

高 32.7 厘米，口径 3.6 厘米

现藏湖南省博物馆

◎象站立，长鼻向后卷曲，牙尖细，尾部下垂，胸部有带状纹饰；背上开口为圆形，有盖，盖作圆筒状，顶部有把手。

◎尊为酒器，用以盛酒。

“文靖书院”铭文铜盨 元

① 通高 13.8 厘米，宽 17.3 厘米，口径长 23.5 厘米
现藏湖南省博物馆
② 通高 12.5 厘米，宽 16.7 厘米，口径长 23 厘米
现藏湖南省博物馆

◎铜盨有两种形制。其一为曲尺形足，两侧无耳，口沿饰窃曲纹，之间以简化的兽首相隔，盖表饰海波纹，外底有铭文；其二缺盖，器身敛口，腹外鼓，平底，花边形圈足外撇，腹两侧各有兽首衔环。器身饰兽面纹、凸棱纹、几何云纹等。铸铭均为“大元大德乙巳四月二日丙午潭州路浏阳文靖书院之宝始供祀吏铣山修司其永保用”。

◎“大德”为元成宗的年号，“乙巳”为大德六年（1302）。潭州是隋朝至明朝时期州治或府治长沙的古称，曾作为一级行政单位，地域包括今长沙、湘潭、株洲、岳阳南、益阳、娄底等地。元至元十四年（1274），改潭州为潭州路，为湖广等处行中书省治所。

◎盨为古代食具，用来盛黍、稷、稻、粱等。此器，西周中期开始出现，沿用至春秋，到春秋后期逐渐消失。此器为祭祀用器。

◎缺盖，器身敛口，腹外鼓，平底，花边形圈足外撇，腹两侧各有兽首衔环。器身饰兽面纹、凸棱纹、几何云纹等。内底有篆书铭文“大元大德乙巳年四月一日丙子潭州路浏阳州文靖书院作宝彝恭祀□□其攸司万年永保用。”

“龟山先生”铭文铜炉 元

高35厘米，口径20厘米

现藏衡阳市博物馆

◎香炉口部为平沿，束颈，鼓腹，圜底，器身下为三兽首状蹄形足。颈部两侧附“S”形立耳。炉底部有一圆形孔洞，孔径小于口径。颈部饰水波纹，腹部以云雷纹为底，主纹为兽面纹，纹饰仿古，却形似而无神韵。底饰两层纹饰，外为蕉叶纹，内为水波纹。颈一侧有两列铭文“文靖书院置龟山先生前公用”。

“龟山先生”铭文铜壶 元

① 高 40 厘米，口径 11 厘米，足径 15 厘米
现藏衡阳市博物馆

② 高 40 厘米，口径 11 厘米，足径 15 厘米
现藏衡阳市博物馆

◎铜壶为酒器，用以盛酒，一套两件。其一，铜壶以肩部为界，可分为上下两段，相互套合固定。颈部两侧有兽首衔环耳，上腹部有铭文“文靖书院龟山先生前公用置”，下腹有“□书广业同吏任宗□□□□□长梁可绍”。其二，铜壶以肩部为界，可分为上下两段，相互套合固定。颈部两侧有兽首衔环耳，上腹部有铭文“文靖书院龟山先生前公用置”，下腹为“泰定丙寅四月置提调司使林□□”。

“文靖书院”铭文铜器座 元

① 长 25.5 厘米，宽 25 厘米

现藏湖南省博物馆、衡阳市博物馆

② 长 25.5 厘米，宽 25 厘米

现藏湖南省博物馆、衡阳市博物馆

①

◎铜器座共两件，器座可与前述铜豆组合。其一，器身扁平，呈正方形，有两种形制，尺寸相当，形制相近，成双成对。中心有圆形下凹。盘面均饰水波纹，铭文绕盘四周，内容与铜豆相同。其二，器身扁平，呈正方形，有两种形制，尺寸相当，形制相近，成双成对。盘中开圆形口。盘面均饰水波纹，铭文绕盘四周，内容与铜豆相同。

②

陶瓷是陶器和瓷器的总称。凡是用陶土和瓷土这两种不同性质的黏土为原料，经过配料、成型、干燥、焙烧等工艺流程制成的器物都可以叫陶瓷。陶瓷器是为满足人们日常生活需要而创造的器皿。陶器的烧制温度在 800—1000 度，瓷器则是在 1300—1400 度的温度下烧制而成。我国陶器的烧制始于距今约10000年前的新石器时代早期。大约在公元前 16 世纪的商代中期，出现了早期的原始青瓷，汉代以后，瓷器制作逐步发展和繁荣。陶瓷的发展史是中华文明史的一个重要的组成部分。它历史悠久、内容丰富，集中体现着中华民族的审美爱好和性格特征。各时期不同艺术风格和不同技术特点的陶瓷，展示了人类社会的进步和发展历程。瓷器是中国古代的伟大发明，英文用“瓷器（china）”代指中国，充分说明瓷器是中华民族灿烂辉煌的历史文明的代表和象征。

在浏阳这片沃土上，原始社会遗址众多，人们在这里聚集，在这里耕作，生生不息。近几年，考古工作者在浏阳河流域和捞刀河流域发现了大量史前遗址，出土有新石器时代的陶器，有鼎、豆、鬲、盆等众多生活器皿的遗物，器类丰富，品种繁多，证明在中华文明曙光初现的时候，浏阳大地上也出现了古老的文明，人们掌握了制陶烧陶的技术，用自己勤劳的双手创造出各类生活所需的用品，这是远古人类在浏阳大地上生产、生活的生动写照。到了商周时期，制陶工艺更加成熟和进步，出现了大量印纹硬陶，陶器不仅质地坚硬，而且出现众多的装饰图案和纹饰，说明在生活用品质量提高的同时，也伴随着产生了审美情操和艺术追求。浏阳发现的原始社会的陶器实物众多，但因年代久远，大都残损严重。虽然此次未能挑选到精品来介绍，但随着文物考古工作的开展和深入，一定能发现我们远古先人创造的精美的陶器文物。进入文明时代后，浏阳境内陶艺制作水平进一步提高，考古工作者发现

陶瓷器

了许多制陶窑址。这时期的陶器不仅是人们的主要生活用品，而且也是人死后的主要随葬器物。古人相信灵魂不灭，恪守“视死如生”的传统观念，很多生活用品或专为死者而烧制的冥器，随墓主一起下葬，想象死者能在另一世界享用，甚至鸡、狗、猪等饲养的家禽动物，也制成陶塑模型随葬，浏阳出土大量东汉时期的各种类型陶器，便真实反映了这一时期的社会生活状况和丧葬礼仪形态。南朝以后，瓷器制作逐渐兴起，从青瓷到彩瓷，发展水平日臻进步和成熟，浏阳地区烧制瓷器的窑址也不断涌现，瓷器逐渐替代陶器走进了人们的日常生活。宋代瓷器制作非常繁荣，浏阳发现了大量的碗、瓶、坛等生活用品，此外还有一种构思巧妙、制作精细、装饰繁缛、堆塑复杂、形象生动的瓷魂瓶。魂瓶也是一种随墓主人下葬的冥器，极具文化艺术价值，充分证明了古人对丧葬的重视。宋代以后，浏阳的制瓷技术更为成熟，瓷器品种多样，色彩纷呈，元明清时期都留下了许多艺术珍品。

雷纹竖耳陶鼎 春秋

口径18厘米，高23厘米，耳高3厘米，
足高9厘米，重1596克

现藏浏阳市博物馆

◎这件雷纹竖耳陶鼎于1984年从张坊茶园采集。圆唇，折沿，侈口，鼎口附一对立耳。腹部微鼓，底近平，下腹部有三只外撇的圆锥形足，上饰有扉棱。陶鼎整体呈黄灰色，泥质陶且陶质坚硬较厚。颈部与肩部有明显的轮制痕迹，腹部以雷纹饰之，并且有乳丁状突起，底部饰以方格纹。

◎陶鼎在中国古代有两大作用。一是作为炊具使用，始见于新石器时代早期的河南新郑裴李岗和河北武安磁山遗址，在商周时期极为流行，东汉以后慢慢消失；二是作为礼器使用，东周时期的墓葬常以仿铜陶礼器作为青铜礼器的替代品，以显示墓主人的身份。自两汉以后，鼎逐渐失去了炊具和礼器的作用，常做香炉或者陈设器使用。

双系陶钫 西汉

口径10厘米，腹径21厘米，底径16.2厘米，高28.8厘米，重2711克

现藏浏阳市博物馆

◎此陶钫无盖，方形侈口，束颈鼓腹，腹部附两只对称系，平底方圈足，圈足外撇且在双系下方有两对称圆孔。该陶钫为泥质灰陶，器壁较厚，颈部有一道弦纹，其他部位无纹饰。

◎钫，即方形的壶，为一种酒器，流行于战国与西汉前期，多于墓葬中出土，为仿铜陶礼器之一。

酱釉昂首陶狗 东汉

长 24.5cm，宽 12.5cm，高 23.7cm

现藏长沙市博物馆

◎这只陶狗于 1984 年于浏阳市永和镇出土。陶狗双目圆瞪，双耳挺立，龇牙，躯干浑圆，四足紧贴地面，尾巴卷曲紧贴于股。器身为泥质灰陶，施酱釉。陶狗昂首挺立，目视前方，作吠状，似乎随时会向前扑去，神态机警，是汉代守门犬的形象。

◎这件东汉酱釉昂首陶狗属于明器的一种，是中国古代为随葬而仿照实物制造的器物，包括礼器、日用器、工具、人及家畜形象的陶器、房屋、庄园、楼阁、水田等模型。随葬明器数量越多，表明死者生前社会地位越高，生活越富足。

方格纹陶囷 东汉

高 30.5cm，盖径 27.5 厘米，腹径 26 厘米，
底径 19.5cm，重 4050g

◎器物由盖、身两部分组成，且盖身不分离。器盖呈斗笠形，器盖呈圆筒形，上部有一长方形开口，平底。器物全身拍印有方格纹。

◎陶囷即陶仓，用来存粮食，在古籍中早有记载，《说文·仓部》"圜曰囷，方曰仓"即圆者为囷，方者为仓。在墓葬内发现这种随葬品，既表明了墓主生前的富足，也是人们期许在死后世界能够丰衣足食的一种精神寄托，反映了东汉时期浏阳庄园经济的发展状况。

方格弦纹擂钵 东汉

口径 10.8 厘米，腹径 14 厘米，底径 7.5 厘米，高 8.7 厘米，重 432 克

现藏浏阳市博物馆

◎这件方格弦纹擂钵于 1986 年在龙伏乡新开村小段组采集。圆唇，折沿，侈口，鼓腹，下腹内收，平底五边形足。这件方格弦纹擂钵由泥质灰陶制成，胎壁较厚，器物外壁拍印方格纹，并安置对称双耳，上腹部饰几道凹弦纹，器物内壁饰有九组由钵底向钵口呈发射状的竖沟槽。

◎擂钵在古代可用于加工、研磨块茎类植物，属于加工制备器的一种。

方格纹陶釜 东汉

高 8.4 厘米，口径 13.8 厘米，腹径 12.5 厘米，底径 7.1 厘米，重 440 克

◎半球形釜，宽沿圆唇侈口，圆鼓腹，下腹内收，圜底。器物由泥质灰陶制成，胎体轻薄，质地坚硬，腹部及底部拍印方格纹。

◎陶釜在古代是一种炊器，放置于灶眼上用来蒸煮食物。

青瓷盘 东汉

高 2.5 厘米，口径 13 厘米，底径 7 厘米，
重 264 克

现藏浏阳市博物馆

◎盘体圆唇敞口，斜浅腹，平底。该瓷盘胎体呈灰白色，质地较坚硬，器身施青釉，釉不及底，釉层较厚，有流釉现象。

◎这件东汉青瓷盘于 2014 年出土于浏阳市古港镇东信花炮厂一号墓，是一座东汉晚期的砖室墓。此次共发现墓葬十三座，从墓葬形制、出土遗物等方面进行分析，该墓地应该为家族墓地。墓地出土的青瓷具有浓厚的湘阴窑产品特色，具有较高的研究价值及文物价值。

青瓷平底碗 三国

高 5.5 厘米，口径 14 厘米，底径 9 厘米，
重 356 克

现藏浏阳市博物馆

◎这件三国时期的青瓷碗于 2001 年在浏阳市高坪镇出土。方唇直口，沿边略折，弧腹且下腹内收，平底假圈足。瓷胎较厚，呈灰白色，器身有明显的轮制痕迹，通身施青釉，然釉不及底，釉色纯净，青中泛黄。三国时期浏阳属于孙吴辖区，吴国加大了对浏阳的统治，在浏阳开荒屯田，浏阳社会经济从此得到迅速发展。

青瓷烛台 三国

高 6.8 厘米，承盘口径 6.4 厘米，底座口径 12 厘米，底径 9.6 厘米，重 361 克

现藏浏阳市博物馆

◎这件三国青瓷烛台于 2014 年出土于浏阳市古港镇东信花炮厂十号墓。造型似豆，是典型的单管烛台。器身分三部分：顶部为一承盘，圆唇直口，斜浅腹，盘心开有孔洞用于插蜡烛；中部为一支柱；底座为一圆唇侈口的平底盘。器胎较厚呈灰白色，施青釉但釉层大部分脱落。该器造型端庄质朴，极具实用价值，具有早期烛台的形制特色。

◎烛台又称“蜡台”，与油灯并列为灯具的主要形式，是通过放置蜡烛来照明的台盏。瓷制烛台始于东汉末年，此后历代均有烧制。

带状回纹四系青瓷罐 三国

高 15 厘米，口径 10.5 厘米，腹径 16.5 厘米，底径 10.2 厘米，重 838 克

现藏浏阳市博物馆

◎此瓷罐于 2010 年 8 月 19 日于三口乡白路花炮厂基建墓葬出土。器物形制为圆唇，直口，短颈，溜肩，鼓腹且下腹内收，平底。肩部模印一圈带状回纹，纹饰下方横安四个桥形系。瓷胎呈灰白色，施青釉然釉层大部分脱落。

◎四系罐是早期青瓷中较常见的一种实用器，常用于储存食物，汉至唐代大量生产。

青釉鸡首壶 南朝

口径 7.3 厘米，底径 9.6 厘米，
高 20.5 厘米，重 1198 克
现藏浏阳市博物馆

◎此件青釉鸡首壶于 1986 年出土于浏阳市沿溪镇。盘口束颈，颈部修长，高执柄，溜肩鼓腹，下腹内收，平底。执柄与盘口结合处有几道刻画痕迹作为装饰，在肩部与执柄对称处贴塑一鸡首状流，喙嘴流通，鸡冠挺立，两眼凸出，鸡首下方同样有三道刻画纹饰，形似鸡爪。肩部两侧饰有对称的桥形系。器身施青釉，然釉彩大部分脱落。

◎鸡首壶，又称鸡头壶、天鸡壶。因壶嘴成鸡首状而得名，其中壶嘴流通的多有实用价值，常做饮器使用，壶嘴封闭的多为装饰品或陪葬品。鸡首壶形制独特，器型优美，始见三国末期西晋早期越窑、瓯窑的产品，此后一直随着不同历史时期的社会风俗、审美习惯而演变，一直延续到唐代，唐以后少见。

莲瓣纹青瓷盘口瓶 南朝

高 23.3 厘米，口径 8.8 厘米，腹径 13 厘米，底径 7.8 厘米，重 1495 克

现藏浏阳市博物馆

◎该盘口瓶于 2009 年 6 月在古港农业园建筑工地出土。圆唇，盘口，短颈，溜肩，圆鼓腹，平底略内凹，假圈足。瓷瓶肩部塑有六系。器身肩、腹饰有三组凹弦纹，每组两圈。腹部饰有覆莲纹，花瓣成尖头状，浑源肥厚。该盘口瓶胎体致密灰白，施青釉且釉不及底，釉料有流淌现象，釉色浅绿有光泽，在凹陷部分釉色呈深绿色。该盘口瓶器型厚重，釉色纯净，纹饰简朴且极具佛教艺术的装饰特点。

青瓷四系盘口壶 南朝

高 23.3 厘米，口径 12 厘米，腹径 14.9 厘米，底径 8.5 厘米，重 1175 克

现藏浏阳市博物馆

◎这件南朝青釉四系盘口壶于 2014 年出土于浏阳市古港镇东信花炮厂三号墓。圆唇，盘口，长颈，溜肩，鼓腹下腹内收，平底。瓷瓶肩部对称横安四个桥形系。瓷胎呈灰白色，表面有砂，腹部有明显的轮制痕迹，器身饰半釉，釉层较薄，釉色青中泛黄。

青瓷高足印花盘 隋

通高 8.5 厘米，足高 3.6 厘米，口径 20.2 厘米，
底径 13 厘米，重 1226 克

现藏浏阳市博物馆

◎此器圆唇撇口，浅腹，盘心外凸，盘下有喇叭状高足，足外撇，底微凸。瓷盘胎体灰白，釉色翠绿，釉层较薄，纹饰精美。盘心模印一莲花纹，花朵肥厚，有六片尖状花瓣，并以此为中心，外印六朵向心排列的莲花纹，两组莲花纹之间以弦纹间隔。隋代瓷器装饰题材多以植物为主，纹饰淡雅简朴，这件隋青瓷高足印花盘就很好地反映了这一特色。

◎瓷质高足盘最早出现于北朝时期，在隋朝时极为流行，在当时的壁画、绘画作品中常常出现，全国有多处著名窑址烧制这种器物，如河南的安阳窑、巩义窑，安徽的淮南窑，湖南的湘阴窑，四川的邛窑等。

青釉褐斑双系盘口瓷壶 唐

高 14.8 厘米，口径 7.4 厘米，底径 8 厘米，
重 480 克

现藏浏阳市博物馆

◎此器圆唇，卷沿，盘口，短颈，溜肩，深腹，平底假圈足，肩腹相接处两侧各有一环形系，前有一八角形短流，与流相对一侧安有一绳形把手。胎骨灰白，通身施青釉，釉色青黄，瓷壶口部、流部和双系均施大块褐色彩斑，但釉彩部分脱落。下腹开一洞。这件青釉褐斑双系盘口瓷壶造型简洁朴素，是典型的唐长沙窑瓷器。

◎长沙窑位于长沙市望城区湘江东岸铜官镇瓦渣坪一带，又称“长沙铜官窑”。长沙窑兴起于“安史之乱”后的 8 世纪中后期，鼎盛于中晚唐，衰落于五代。长沙窑融合南北陶瓷烧造技术，首创瓷器釉下多彩工艺，并广泛地将绘画、书法等艺术形式用于瓷器装饰，开创了中国古代瓷器装饰新风尚，奠定了唐代“南青北白长沙彩”瓷业局面，在中国古代陶瓷史上写下了浓墨重彩的篇章。长沙窑大胆吸收域外文化因素，积极开拓海外市场，其产品行销海内外，是唐代海上丝绸之路上的璀璨明珠，潭州也成为唐代海上丝绸之路的重要起点。

◎长沙窑瓷器往往供日常使用，装饰手法多样，而此件盘口壶就运用了点彩的手法，在盘口壶上施加褐色彩斑作为装饰，别具一格。

青釉褐绿彩瓷盂 唐

高 5.3 厘米，口径 4 厘米，腹径 7 厘米，
底径 4 厘米，重 99 克

现藏浏阳市博物馆

◎圆唇敛口，溜肩鼓腹，平底，假圈足，口沿下部刻划一圈内弦纹。瓷胎略厚，呈灰色，通身施青釉，釉不及底，腹部绘有竖状褐彩与绿彩，其装饰风格具有典型的长沙窑特色。

◎长沙窑彩釉有釉上彩、釉下彩等多种装饰技法。釉上彩多以乳浊白釉为底釉，再施以色釉烧造，釉彩易脱落。釉下彩是在胎体上施彩釉后再罩青釉烧造，表层釉色清亮透明，底层釉彩鲜艳牢固。釉下彩分单彩和多彩两类，以点彩、块（斑）彩、条彩、线彩为表现形式，装饰内容以诗词书法、绘画为主。

◎盂本是用于盛放液体的圆口贮存器。至东汉时期，盂开始作为文房用具，并于魏晋南北朝时期定型。盂常常用来贮存、灌注研墨用水，在实际应用时会配备小勺，以便舀水入砚池。这件唐青釉褐绿彩瓷盂精巧雅致，反映了古代文人高雅的文化生活。

短圈足杯口瓶 五代

高 26.5 厘米，口径 8.3 厘米，底径 7.7 厘米，重 1098 克

现藏浏阳市博物馆

◎这件五代短圈足杯口瓶于 1986 年在浏阳市官桥镇采集。圆唇杯口，口沿略微外撇，短颈，宽肩，深腹，平底矮圈足，圈足略外撇。器身施釉，但釉层均已脱落。

葵口瓷碗 宋

高 2.8 厘米，口径 11 厘米，底径 4 厘米，重 71 克

现藏浏阳市博物馆

◎此瓷碗，圆唇，折沿，六瓣葵口，斜浅腹，平底足，底略内凹。瓷碗内壁对应葵口处饰有六道出筋至碗底，底部饰一圈出筋纹样。胎色灰白，胎体较薄，除碗底外通身施青釉，釉色青中泛黄。该葵口瓷碗比例匀称，小巧精致，立体感强，常用来盛装菜肴、水果、点心、调味品等。

◎葵口碗又称“葵瓣口碗”，其口沿往往有六瓣葵花式和八瓣葵花式。这种器型出现于晚唐，宋代时及其流行，明清时都有烧制。

青黄釉喇叭口陶执壶 宋

高 19.8 厘米，口径 9.2 厘米，腹径 13.8 厘米，底径 6.5 厘米，流长 6 厘米，重 839 克

现藏浏阳市博物馆

◎此壶喇叭口，长弧束颈，鼓腹下腹内敛，平底足。颈腹一侧贴塑有弯曲的带状柄，柄上有三道刻画痕装饰；另一侧肩部安有一长流。该执壶胎质较厚，器身施青黄釉，但釉层部分脱落，下腹近底处有流釉。

◎执壶是一种酒具，又称“注子”“注壶”。执壶的壶身造型类似于瓶，壶身两侧的柄和流便于执拿与倾倒液体。隋代时出现瓷执壶，唐代时执壶已被大量使用，至宋代时体型趋于修长。执壶作为古人饮食行为中较为重要的器具，在全国各地均有生产。

草绿釉笠形茶盏 宋

高 5.9 厘米，口径 19 厘米，底径 7.3 厘米，
重 496 克
现藏浏阳市博物馆

◎此茶盏圆唇敞口，深腹，平底足，器形类似斗笠。胎质较厚，除底足无釉外，其余部位均施草绿色釉，外壁及口沿处部分釉层脱落。碗心与碗底处各有五个支钉痕。这件笠形碗常用于饮茶，其高大挺拔的碗身能够满足宋人多样的饮茶方式。

影青釉印花卉乳丁纹瓷碗 宋

高 3.4 厘米，口径 15.2 厘米，底径 7.8 厘米，重 142 克

现藏浏阳市博物馆

◎此碗敞口，斜浅腹，矮圈足，除口沿及足脊处无釉，其余部位施影青釉。碗内印花，最外部印有一圈回纹，内壁与内心交界处印有三圈乳丁纹，内心印缠枝菊花纹，并以弦纹作间隔。图案布局工整，模印纹路枝叶清晰，画面栩栩如生。该碗胎体较薄，釉色青中有白，釉质较为纯净，显露出一种高雅清淡的美。

◎影青瓷是我国古代著名瓷器品种，又称隐青、印青、青白瓷。影青瓷出现于五代，盛于两宋，宋末元初逐渐衰退。该类瓷器釉色介于青白二色之间，饱含优雅素净之美。影青瓷的制造以江西景德镇湖田窑等窑场为中心，生产规模大，流行范围广，沿袭时间长，海外市场庞大，深受时人追捧喜爱。

白釉瓷碗 宋

口径 13.8 厘米，底径 8.6 厘米，高 3.3 厘米，
重 146 克
现藏浏阳市博物馆

◎此碗于 2000 年在浏阳市北盛镇黄江村大岭组出土。圆唇，侈口，斜浅腹，平底矮圈足，足略外撇。该瓷碗胎体较薄，造型清秀，除底部无釉外通身施白釉，釉色洁白，然器身有大量土沁。

影青釉莲瓣纹高足碗 宋

高 7.4 厘米，口径 9.8 厘米，底径 3.7 厘米，
重 189 克

现藏浏阳市博物馆

◎此碗于 2000 年在北盛镇黄江村大岭组出土。半球形碗，圆唇直口，鼓腹下腹内收，高足底内凹，足略外撇。瓷碗口沿有缺，器身有少许土沁，透过土沁可见瓷胎致密洁白。碗腹以刻花手法绘莲瓣纹，纹饰简练明快，活泼自然。除底足外全身施青白釉，釉层较薄，釉色呈淡青色，光洁温润，开片自然。

印花高足碗 宋

高 7.8 厘米，口径 11.5 厘米，底径 3.7 厘米，重 268 克

现藏浏阳市博物馆

◎此件印花高足碗于 2000 年在浏阳市北盛镇黄江村大岭组出土。半球形碗，圆唇敞口，口沿微撇，圆鼓腹，底内凹，高足。胎骨呈白色，碗心模印花卉纹，除底部外通体施青釉，釉色纯净素雅，应为龙泉窑产品。其造型优美，釉质肥润，体现了宋人内敛的审美，追求器物的釉色之美和肌理美。

青黄釉菱格纹陶碾 宋

碾槽长 31.5 厘米，宽 7.1 厘米，高 5 厘米，
碾轮直径 12 厘米，总重 1280 克

现藏浏阳市博物馆

◎此陶碾分为船型碾槽和圆饼型碾轮。两侧施青黄釉，釉不及底，饰以相互连接排列的菱形方格纹。碾槽侧面两端有凹槽，可由此处倾倒固体粉末或液体。碾轮形似车轮，中心镂空用来安放木柄，素面无纹饰。

◎此件宋青黄釉菱格纹陶碾，属于加工制备器的一种，多用于加工食物原料，还可以加工茶饼、研磨药物榨取药汁。

褐釉玉壶春瓷瓶 宋

高 15.6 厘米，口径 3.9 厘米，底径 4.35 厘米，重 314 克

现藏浏阳市博物馆

◎此瓶圆唇，折沿，敞口，瓶颈细长且微微收束，垂腹，假圈足。瓷胎较厚，器身施酱釉，然釉不及底，腹部饰四组竖状条纹，每组四道，与同类型器物相比较为少见。该瓷瓶造型清秀，曲线柔和，纹饰独特，制作较为精美。

◎玉壶春瓶又名“经瓶”“玉壶春壶”，在宋代至元代常做酒器，用于盛酒、斟酒，至明清两代实用功能逐渐消失，成为陈设瓷并衍生出诸如插花等审美功用。

青釉杯口瓷瓶 宋

高 20 厘米，口径 12 厘米，
底径 9 厘米，重 1002 克
现藏浏阳市博物馆

◎此瓶杯口，圆唇，撇口，竹节形颈，宽肩，深腹，下腹内收，平底圈足，足外撇。瓷瓶胎骨较厚，质地坚硬，瓷胎呈灰色，器身大部分区域装饰有化妆土，再施一层青釉，釉色青黄，且釉层部分脱落。其造型独特，器型优美，是一件陶瓷艺术精品。

青釉梅瓶 宋

高 24.7 厘米，口径 6.4 厘米，
底径 7.8 厘米，重 1423 克

现藏浏阳市博物馆

◎此件宋青釉梅瓶，整体呈冬瓜状。尖唇，折沿，小口，短颈，宽肩，深腹，下腹内收，平底，圈足。该器胎体坚硬厚实，瓷胎呈灰色，通身施青釉，釉色青黄，足部釉层有所脱落。

◎梅瓶是传统名瓷，梅瓶是一种小口、短颈、丰肩 、瘦底、圈足的瓶式，以口小只能插梅枝而得名。因瓶体修长，宋人称之为“经瓶”，系盛酒用器，造型挺秀、俏丽，明朝以后被称为梅瓶。梅瓶也称"经瓶"，最早出现于唐代，宋辽时期较为流行，并且出现了许多新品种。梅瓶的用途，磁州窑白地黑花梅瓶器腹有“清沽美酒”与“醉乡酒海”的诗句。梅瓶既是酒器，又是一件令人爱不释手的观赏品。

褐釉堆塑缠枝花四角攒尖顶盖瓷魂瓶 宋

通高 45.3 厘米，盖高 16 厘米，口径 9.5 厘米，
腹径 34 厘米，底径 10.8 厘米，重 5500 克

现藏浏阳市博物馆

◎此件瓷魂瓶于 1986 年在浏阳市张坊镇凤溪村出土，分器盖与瓶身两部分四角攒尖顶状盖，顶部为一饰有锯齿状纹饰的尖顶宝珠，下连四脊作上翘的屋檐，有如飞鸟展翅。瓶身呈罐形，圆唇敛口，宽肩，圆鼓腹，底部略内凹，假圈足，肩部处堆塑有三圈绳纹，肩腹相接处饰有一圆形攒尖式屋顶，并翘四角，腹部通过贴花手法装饰大面积的缠枝花卉，下腹部饰绳纹、水波纹。整器用泥质灰陶制作，施褐釉然釉不及底。该器造型独特，纹饰丰富，庄重大方，具有较强的立体感和层次感。

◎魂瓶又称“谷仓罐”“堆塑瓶”“多角瓶”，是三国、魏晋南北朝及宋、元、明时期一种具有代表性的随葬明器，其形制在不同时代、不同地区有着不同的演变。但总体而言宋代魂瓶分两种：一为沿袭了六朝时期具有大量堆塑花纹装饰的罐状魂瓶，一为新出现的修长型魂瓶。这件宋褐釉堆塑缠枝花四角攒尖顶盖瓷魂瓶便是典型的罐状魂瓶，表达了古人对死者灵魂的敬畏和对生者平安的愿望。

青釉堆塑荷叶边纹瓷魂瓶 宋

高 41 厘米，口径 16.5 厘米，腹径 29 厘米，底径 9.5 厘米，重 5900 克

现藏浏阳市博物馆

◎此魂瓶无盖，盘口，短颈，溜肩，鼓腹，下腹内收，平底，矮圈足。魂瓶盘口下饰一圈凸脊，肩部有二层盘口状围沿，肩腹部堆塑有六圈大小不一、形态各异的荷叶边纹饰。瓷胎呈灰色，通身施青釉，然下腹及底足无釉，釉色青黄。

影青釉贴塑人物瓷魂瓶 元

通高 29.7 厘米，盖高 5.5 厘米，盖口径 6.5 厘米，瓶身口径 6 厘米，底径 5.2 厘米，重 659 克

现藏浏阳市博物馆

◎此件元影青釉贴塑人物瓷魂瓶由瓶盖和瓶身两部分组合而成。瓶盖呈笠形，上有鸟首形钮。方唇，小口外撇，束颈，颈部靠近口沿处有一圈凸起，垂腹，下腹微收，平底圈足，足外撇。颈上贴塑一只仙鹤，下方塑有人物 6 人，人物下方饰有荷花边纹。器身施影青釉，釉不及底，釉色青中闪白，光洁莹润。

青花瓷碟 明

高 3 厘米，口径 13.4 厘米，底径 7.5 厘米，重 136 克

现藏浏阳市博物馆

◎此碟圆唇，侈口，边沿外倾，斜浅腹，平底，矮圈足。这件明青花瓷碟，器胎为灰白色，胎体轻薄，口沿处有几处磕痕，圈足处沾有少许烧结的沙砾。瓷碟通身施白釉，碟心内以青花绘石榴花果纹，外绘两圈弦纹开光，瓷碟外壁以青花绘缠枝石榴花果纹。青花呈色浓厚，纹饰绘制写意，所绘石榴花花朵饱满，枝叶疏朗，花繁叶茂，寓意多子多福。

铭文陶砖 明

长 43 厘米、宽 20 厘米、厚 11.5 厘米，重 14990 克

现藏浏阳市博物馆

总甲张均达 甲首刘秀伯 小甲□□□
窑匠芦季十
造砖人夫张端

长沙府提调官经历高耀 司吏杨原善 浏
阳县提调官知县傅理 司吏周仲威

◎此陶砖呈青灰色，稍残，2019 年 3 月于浏阳市枨冲镇张武墓采集。陶砖两侧模印有府县职官及工匠名录内容的楷体铭文。其中一面于双线框内印竖排楷体文字两行：“长沙府提调官经历高耀 司吏杨原善 浏阳县提调官知县傅理 司吏周仲威。”另一面印竖排楷体文字三行：“总甲张均达 甲首刘秀伯 小甲……窑匠芦季十 造砖人夫张端。”经考证，这块大方砖是明洪武年间为修建南京城墙，由浏阳县衙指定砖窑特别烧制。

◎张武，浏阳青草人，稍识书史，随明成祖朱棣征讨，骁勇善战，屡建奇功，任燕山右护卫百户。明永乐元年（1403）卒，张武逝后归葬家乡龙虎岭。永乐二年封“成阳侯”，赠“潞国公”，谥“忠毅”。

◎1368 年，朱元璋平定天下后于南京称帝，随后历时 27 年之久，修筑了蜿蜒盘桓达 35.3 公里的南京城墙，史称“明城墙”。明太祖诏令长江中下游的江苏、江西、安徽、湖南、湖北等五省组织数以百万计劳工、匠师，筑窑制坯烧砖，选质量上乘的城砖运至南京。为确保都城城墙坚固规整，朝廷统一规范了成品砖材质、重量、颜色、尺寸等，在城砖烧制环节，实施“物勒工名”责任制度，即每块城砖上必须印有府、州、县提调官、总甲、甲首、小甲等各级监管责任人和制坯、窑炉烧制责任人（造砖人夫、窑匠）等名录，目的是保障城砖的烧制质量，杜绝粗制滥造。修建

在浏阳河边的苗莆砖窑就是当时的历史见证。朝廷为解决各地大量城墙砖运输问题，主要采取两种办法：一是“令相关郡县富户造船运砖”；二是“令各处船只量带沿江烧造官砖，于工部交纳”的砖票制度，即在长江往返的船只必须顺带城砖运往南京，卸货后会拿到一张“砖票”，即回船通行证，一旦查获没有砖票的船只，即刻拘留治罪。正是这种“物勒工名的责任制度”和相关规定，才保证了城砖质量、运输和明城墙巨大工程的顺利建成。

◎铭文“浏阳县提调官知县傳理”，据清《浏阳县志》：“傳理，洪武十七年任。”傳理任浏阳知县有10年之久，其铭文砖都是傳理自洪武十七年任职起，至二十六年去任期间（1384—1394）所烧制。

◎苗莆窑址位于浏阳市关口街道办事处占家村苗莆组，原有老窑多座，椭圆形馒头状，圜形顶内凹，心形窑门，内壁光滑，底部平坦，窑址分布在苗莆组至船厂组浏阳河西岸约三华里之间，部分窑址保存较好。苗莆砖窑则是明代官方指定烧制城墙砖的生产厂家，也是当年浏阳制坯烧砖行业的典型，其生产的铭文砖是南京明城墙修建的重要建筑材料，又是浏阳手工制陶和水上运输业发展有力的历史见证，是我国烧陶行业早期建立生产责任制度的弥足珍贵的物质载体。

蓝釉瓷权 清

高 4.2 厘米，钮高 1.3 厘米，直径 4.2 厘米，重 73 克
现藏浏阳市博物馆

◎这件清蓝釉瓷权造型呈瓜楞状，上细下粗，顶端置一球形鼻钮，穿孔，溜肩，深腹，平底。瓷权胎体洁白，器壁正反两面各有一团寿纹，两侧饰以带状纹饰。

◎这件清蓝釉瓷权应当为手工捏制，全身无重量标识，可见并非实用器，而是盖房、丧葬时用来避邪、图吉利的象征物。

蓝地粉彩花卉纹蝙蝠形瓷碗 清

高 5 厘米，口径 20.5 厘米，底径 14.3 厘米，重 411 克

现藏浏阳市博物馆

◎此碗造型奇特，呈蝙蝠状，圆唇敞口，多面腹，平底直圈足。器物瓷胎较厚，胎骨洁白，口沿呈酱色，器物正面以蓝釉为地，以红彩书寿字，寿字上下分别用粉彩绘白色蝙蝠、莲花，左右用粉彩绘白色石榴花，并以蓝彩填充花卉枝叶，正面纹饰相互勾连缠绕，工整地布满整个画面，并以两道红色弦纹与底间隔；器物背面以透明釉为地，绘两只相向的红色蝙蝠；足部无釉，器底书“大清同治年制”篆书款，款外有边饰。

◎这件蝙蝠形瓷碗造型别致，寓意丰富。瓷碗正面的蝙蝠纹、寿字和莲花呈中轴线排布，寓意“福寿连连”，石榴花果实众多，寓意“榴开百子”“人丁兴旺”；瓷碗背面的两只红色蝙蝠有“洪福齐天”“福从天降”之意。

◎该碗从造型到器物纹饰都极具特色且内涵丰富，采用了象征、谐音等方式表达了古人对多子多福、长寿健康的期盼，对美好生活的向往与追求，既美观又实用。

粉彩八卦太极图瓷碟 清

高 3.9 厘米，口径 12.2 厘米，底径 7.3 厘米，重 138 克

现藏浏阳市博物馆

◎此件粉彩八卦太极图瓷碟，圆唇，敞口，呈八方形，斜浅腹，平底高足，圈足略外撇。口沿呈酱色，碟心绘阴阳鱼图，器壁以红彩绘八卦纹，外壁两侧对称位置绘有花卉纹。足部以两道弦纹为间隔，中间绘红彩锦纹，底足一圈无釉，器底书“同治年制”篆书款，款外有边饰。

◎八卦纹瓷器最早出现于宋代，早期带有浓厚的宗教色彩，多用于祭祀。自清中晚期道教衰落，许多八卦纹瓷器逐渐变为普通观赏陈设器。八卦代表宇宙万物变化之道，阴阳鱼图象征太极，用在瓷器纹饰上体现了中国古代传统的宇宙观念，并且有辟邪消灾之意。

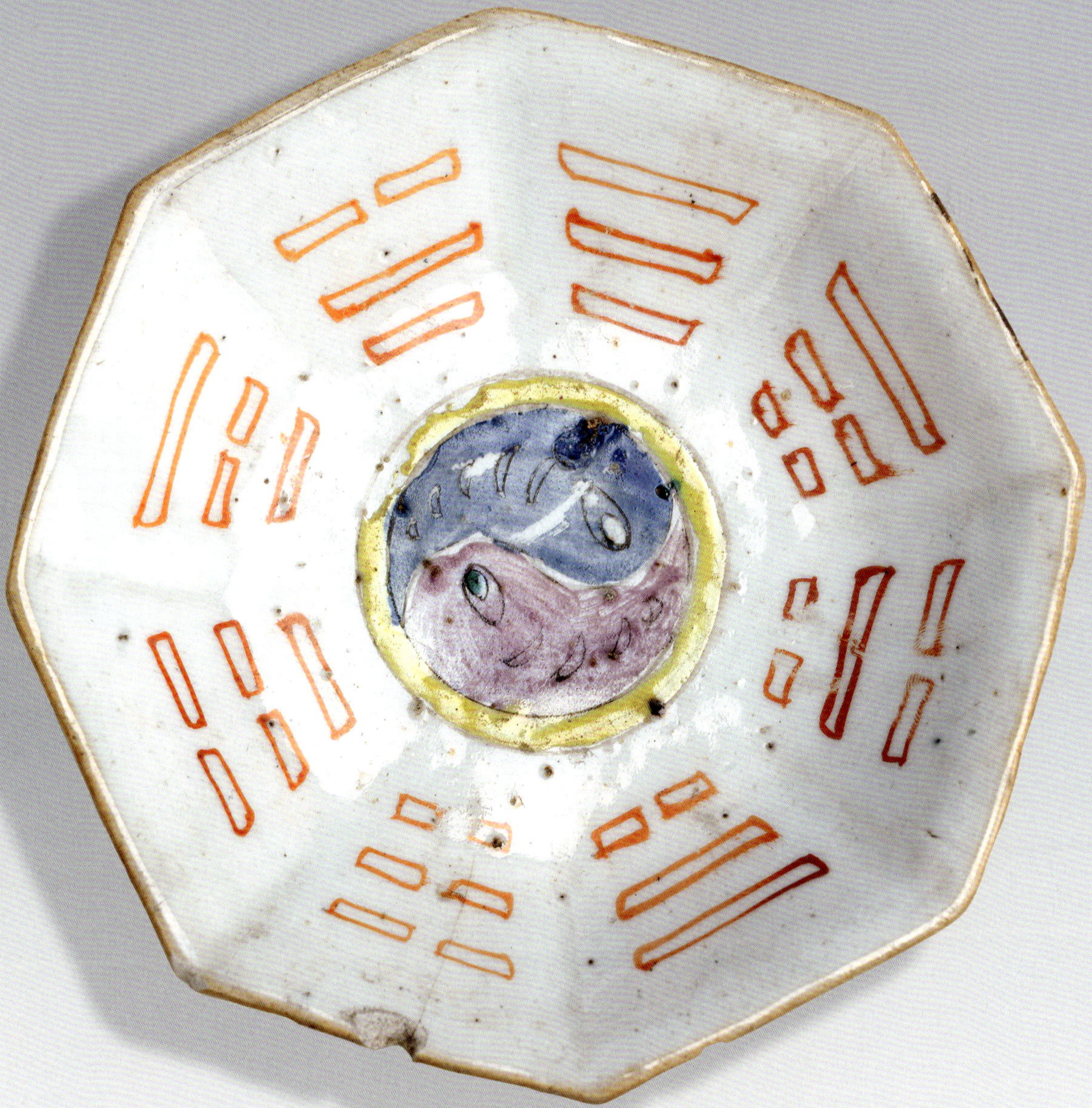

“寿”字纹瓷盘 清

高 3.5 厘米，口径 15.9 厘米，底径 9.5 厘米，重 226 克

现藏浏阳市博物馆

◎这件清道光“寿”字纹瓷盘，圆唇，敞口，斜浅腹，平底，矮圈足。器胎轻薄，胎骨洁白，通身施白釉，圈足底部无釉，盘心以青花书梵文“寿”字，并以两圈弦纹开光，瓷盘内壁饰有两圈青花梵文。瓷盘外壁同样饰有梵文纹饰，并近口沿处、近圈足处和底部绘有弦纹装饰。

◎梵文是古印度文字，早在唐代就随着密宗佛教传入中国。明清时期以梵文字作为瓷器装饰极为常见，除了一些官窑有烧制外，各地民窑也大量模仿。瓷器上的梵文字可分为种子字和真言咒语，种子字为佛、菩萨的代称，真言咒语为佛经中的诵词。密宗教徒认为以种子字、咒言装饰的瓷器，会获得佛的保佑，有着消灾避难、吉祥如意的寓意。

◎这件清道光“寿”字纹瓷盘造型优美，纹饰极具宗教特色与吉祥意味，表达了古人对长寿健康的期盼。

豆青釉五蝠捧寿瓷盘 清

高 4.8 厘米，口径 26.2 厘米，底径 12.7 厘米，
重 1085 克

现藏浏阳市博物馆

◎此件豆青釉五蝠捧寿瓷盘圆唇、折沿，菱花式口，斜浅腹，平底圈足。盘身施豆青釉，釉色淡雅宛如一潭湖水，圈足底部无釉。瓷盘内心以青料绘五只蝙蝠，向心环绕一团寿，寓意“五福捧寿”；盘沿绘云纹，所有纹饰均用乳白釉勾画边线，器底书“大清乾隆年制”篆体无边框款，应该是乾隆时期民窑产品。该瓷盘做工精细，寓意吉祥。

◎瓷盘上的“五蝠”谐音“五福”，据《尚书·洪范》记载五福即长寿、富贵、康宁、好德、考寿终。五蝠向心环绕一寿字，表明“寿”在中国传统吉祥观念中的重要地位。这件五蝠捧寿瓷盘寄托了古人对于健康长寿的向往，从中可以感受到古人追求生命幸福长久的强烈愿望。

霁蓝三足瓷香炉 清

高 7.8 厘米，口径 16 厘米，底径 7.8 厘米，
重 675 克

现藏浏阳市博物馆

◎这件清霁蓝三足瓷香炉形器，敛口，口沿内部有一圈圆唇状凸起，弧腹，下腹近底处有三个乳足，底略内凹。瓷炉器胎较厚，香炉内施白釉，内底无釉，外施霁蓝釉，底部无釉。器物造型圆润规整，釉色均匀纯净，深沉古朴，极具美感。

◎霁蓝釉即高温蓝釉，亦称“祭蓝釉”，施此釉类的器物常用于祭祀或作为陈设器使用。

粉彩人物纹瓷壁瓶 清

长 9.5 厘米，宽 4 厘米，高 19 厘米，
重 282 克

现藏浏阳市博物馆

◎此件清粉彩人物纹瓷壁瓶，呈一不规则四面喇叭状。圆唇，四方口，口沿微撇，束颈，直腹，平底，方足，器背与口沿相接处凸出一葵花形平面，上开小孔，足部亦开有两小孔，便于悬挂。器身正面施白釉，背部无釉，以粉彩绘松下高士图。画面正前方，一位面色红润、须发皆白、精神矍铄的老者侧倚于青石上，做眺望状。老者身旁有一花篮，篮中有菊花数朵。老者身后有一苍劲的松树，弯曲生长，郁郁葱葱。

◎松为百木之长，四季常青，菊为花之隐逸者，淡泊坚贞。这件壁瓶纹饰将菊花、松树、老者并列，寓意延年益寿、长长久久。

◎壁瓶又称挂瓶、轿瓶，常用于插花或者贮水。始于明宣德年间，于明万历年间大量流行，之后一直有烧制。

五彩渔藻纹高足瓷碗 民国

高 12.9 厘米，足高 5.5 厘米，口径 16.2 厘米，
底径 7.7 厘米，重 736 克

现藏浏阳市博物馆

◎此碗圆唇，敞口，折沿，弧腹，下腹内收，底内凹，竹节形高足，足外撇。该碗瓷胎较厚，造型独特。瓷碗口沿处施蓝釉，内壁施白釉，沿壁连接处饰一圈蓝釉弦纹，口沿处以釉下五彩绘花叶纹饰边，碗心釉下彩绘鱼藻纹，一尾金鱼于水草之间游弋，悠然自得。碗外壁施白釉，一侧饰有花卉纹，对称一侧书有“银丝竞秀”四字，折沿处与碗下腹各饰一圈弦纹，足部分别以草绿釉和蓝釉饰之。此器应为民国时期醴陵窑釉下五彩精品。

◎1905 年，湖南凤凰人熊希龄和醴陵人文俊铎拟就万言书呈请清政府在醴陵创办瓷业公司和瓷业学堂，改良醴陵瓷业。1906 年，清政府批准呈文，拨库银一万八千两创办湖南瓷业学堂和湖南瓷业公司，醴陵瓷器开始由土瓷向精瓷转变。光绪末年，釉下五彩工艺成功地用于瓷画的绘制，色彩缤纷，晶莹润泽，清雅明快，风貌别具一格，引起中外人士关注。1909 年至 1915 年先后四次参加国内外赛会，在武汉劝业会、南洋劝业会、意大利都郎博览会和巴拿马太平洋万国博览会上均获得金牌奖的“扁豆双禽瓶”被国外舆论誉为“东方陶瓷艺术的高峰”。

"联发"款白釉绿彩瓷盘 民国

高 3.3 厘米，口径 14.4 厘米，底径 8.3 厘米，重 178 克

现藏浏阳市博物馆

◎瓷盘圆唇，敞口，斜浅腹，平底矮圈足。该瓷盘造型规整，器胎轻薄，呈灰白色，除圈足底部无釉，其余部位施白釉。瓷盘内壁绘有串枝荷叶纹，几枝荷叶立于水面上，部分荷花已经盛开，荷叶周围生长有大量水草，鱼儿在水草中悠闲地游动。图案外围近口沿处绘有两圈弦纹。瓷盘底面以绿釉书"联发"无边框款。

◎这件民国醴陵窑"联发"款绿釉瓷盘，其装饰手法极具醴陵窑的特征，画面布局丰满，形象准确而清新自然。

石质器是指人类以岩石为原料制作的器物。浏阳境内的石器制作始自远古蛮荒时代，始自人类刚刚诞生的旧石器时期。20 世纪，考古工作者在浏阳永安发现的旧石器，正是长沙地区迄今最早的人类历史的印记。

石器时代是人类出现的第一个时代，地质上属于上新世晚期到更新世。考古学又将石器时代分为旧石器时代和新石器时代，旧石器时代从距今约 300 万年前开始，延续到距今 1 万年前左右止。这一时期人类的经济活动，处于原始的萌芽阶段，人类为了生存，通过采摘果实、狩猎或捕捞获取食物。当时人们群居在山洞里或部分群居在树上，以一些植物的果实、坚果和根茎为食物，同时集体捕猎野兽、捕捞河湖中的鱼蚌来维持生活。

制造和使用工具是人类区别于其他动物的重要特征。在旧石器时代制作石器最原始的办法，是把一块石头加以敲击或碰击使之形成刃口，即成石器。尖状器是沿石片相邻的边加工成锐尖，以利于刺割。砍砸器是将砾石或石核边缘打成厚刃，制成一种形体较大，形状不固定的工具，器身厚重，有钝厚曲折的刃口，可起到砍劈、锤砸等多种作用。

整个旧石器时代都以打制石器作为标志。它是原始简朴的生产工具，也是人类最初的主要生产工具。浏阳发现的石质尖状器是用以剔剥割裂兽皮、挖掘植物根茎、远距离投掷捕猎动物的工具，而石质砍砸器可以用于砍树、做木棒、砸坚果、切割食物等工作。这些石器文物的出土，将浏阳地区人类活动的历史追溯至距今 15 万—20 万年前。

新石器时代是石器时代的后期阶段，是以使用磨制石器为标志的人类物质文化发展阶段。到新石器时代，石器制造技术有了很大进步。首先，对石料的选择、切割、磨制、钻孔、雕刻等工序已有一定要求。石料选定后，先打制成石器的雏形，然后把刃部或整个表面放在砺石上加水和沙子进行磨光，这就成了磨制石器。

磨制石器与打制的石器相比，已具备了上下左右部分更加准确合理的形制，使用途趋向专一，并且增强了石器刃部的锋度，减少了使用时的阻力，使工具能发挥更大的作用。生产工具的改进，增强了人们同自然界作斗争的能力，社会生产和生活的天地变得日益广阔起来。大约从 1 万年前开始，人

类已由依赖自然的采集渔猎经济跃进到改造自然的生产经济。新石器时代在中国历史上是古代经济、文化向前发展的新起点。

新中国成立以来，前后开展了三次全国文物普查。在文物普查中，浏阳数十个乡镇都发现了新石器时代的磨制石器。这些石器制作精良，品种繁多，有铲、锛、斧等生产工具，也有矛、刀、箭镞等兵器，还有象征部落首领身份和权力的礼器——钺。这些光滑规整、琳琅满目的磨制石器，折射出浏阳广袤大地上许许多多原始部落生产和战斗的场景。

古代石刻也是一种石质器，是人类进入到封建社会的产物。主要包括墓志和石碑。墓志埋于地下，是放在墓里的刻有亡者姓名籍贯、生卒年月和生平事迹的石刻。它出现于秦汉之际，发展于魏晋，兴盛于唐，延续至明清。石碑立于地上，是作为纪念物或标记的竖石，多镌刻文字，置于建筑物、墓葬或寺庙前。墓志和石碑都是烙印着古代传统文化的石刻制品，上面的各种文字往往兼具艺术与历史价值。浏阳发现了很多有价值的清代墓志和石碑，这也是祖先留下的十分珍贵的文化遗产，为浏阳地方史的研究提供了丰富的实物资料。

石质器

砍砸器 旧石器时代

①长 16.8 厘米，宽 7.5 厘米，厚 5.5 厘米，重 965 克
②长 12.5 厘米，宽 17 厘米，厚 8.5 厘米，重 1886 克
③长 17 厘米，宽 9.5 厘米，厚 6.5 厘米，重 1751 克
现藏长沙市博物馆

①为砾石尖状器，属淡黄色砂岩，上有网纹红土印痕，系选择一块圆角长条形砾石，在其长轴一端利用自然砾石面为台面打击成尖刃，保留部分砾面为器柄。台面有明显的打击痕迹，器形粗大，是挖掘根茎类植物的工具。

②为砍砸器，属灰黄色砂岩，原料为方体砾石，其略窄端，利用自然台面单面打击剥片，形成平刃，底面为砾石原始面。

③为砍砸器，属黄色石英砂岩，上有铁锰斑点和网纹红土印痕,系选用一块不规则多边形的砾石，在其一短边单面打击成刃。刃部有缺痕，可能是使用时导致的。

◎1991 年，长沙市文物工作者在浏阳市永安镇捞刀河二级台地上的第四纪红土中发现这批石器，其时代距今约 20 万年。这是长沙地区旧石器地点的首次发现，填补了长沙地区旧石器时代考古文化的空白。石器以河床中的砾石为原料加工而成，个体较大，制作技术原始简单，保留有自然的砾石面，具有典型的华南旧石器文化特征。表明长沙地区最早的人类活动可以追溯到 20 万年前的旧石器时代。

①

参考文献／／夏建平主编:《悠远的印记——长沙文物精品漫谈》，岳麓书社，2015 年。

②

③

石斧 新石器时代

①长 9.5 厘米，宽 8.7 厘米，重 254 克

②长 13.6 厘米，宽 4.5 厘米，重 350 克

③长 12.8 厘米，宽 4.2 厘米，重 287 克

④宽 23 厘米，柄宽 7.3 厘米，高 14 厘米，重 555 克

现藏浏阳市博物馆

①此件新石器时代穿孔石斧，整体形状呈扁平梯形，表面有不规则细孔。背弧凸，中部有两面对钻的大圆孔。刃部两面磨光，有明显使用后留下的痕迹。1986 年于北盛乌龙采集。

②此件新石器时代有肩石斧，整体形状呈长身形，表面有不规则细孔。长方柄，短平肩。刃部两面磨光，有明显使用后留下的痕迹。

③此件新石器时代有肩石斧，整体形状呈长身形，表面有不规则细孔。长方柄，短平肩。刃部两面磨光。

④此件商周双肩石钺，宽斜肩，短柄，直边弧刃，打磨相间，肩际有明显锤琢痕迹，刃部通磨，薄而锋利。刃部两面磨光，有明显使用后留下的痕迹。1986 年于沿溪榴花采集。

◎石斧是早期人类使用最多的石器之一，其主要功能是作为生产工具和武器。打制石斧主要使用时期为旧石器时代。进入新石器时代后，人类开始使用通体磨光石器。磨制石斧的形状一般为梯形或近长方形，两面刃。多斜刃或斜弧刃，亦有正弧刃或平刃。石钺前身是作为生产工具的石斧，后来演变为武器，最后成为权力和威严象征的礼器，多为酋长、部落首领使用。青铜斧和铁斧产生前，石斧是先民主要的使用工具。

①

②

③

④

石锛 新石器时代

①长 16.8 厘米，宽 4 厘米，重 460 克
②长 11 厘米，宽 5.8 厘米，重 209 克
③长 9.4 厘米，宽 5.7 厘米，重 178 克
现藏浏阳市博物馆

①

②

③

①此件新石器时代弓背石锛，正面呈弓形，背上部有段，以供装柄。单面齐刃，刃部磨光，有明显使用后留下的痕迹。1986 年于小河风溪出土。

②此件新石器时代石锛，整体形状呈长身形，表面有不规则细孔。双面刃，刃部两面磨光。1986 年于荷花采集。

③此件新石器时代石锛，整体形状呈长身形，表面有明显磨制痕迹。1986 年于荷花采集。

◎石锛，中国史前时期的常见石器，尤其是在长江流域及岭南地区。有的石锛上端有“段”(即磨去一块)，称“有段石锛”。

◎石锛是新石器时代和青铜时代主要的生产工具，装上木柄可用于砍伐、刨土。宋《集韵》记载：“锛，平木器。”

参考文献／／（宋）丁度等编：《集韵》（附索引），上海古籍出版社，1985 年版。
／郭沫若：《中国史稿》，人民出版社，1976 年版。

石 铲 新石器时代

①长 14.2 厘米，宽 8 厘米，重 258 克
②长 16 厘米，宽 7.6 厘米，重 304 克
现藏浏阳市博物馆

①

②

①此件新石器时代穿孔石铲，整体形状呈扁平梯形，表面有不规则细孔。中部有两面对钻的大圆孔。双面刃，口缘稍残，有明显使用后留下的痕迹。1986 年于文家市采集。

②此件新石器时代石铲，整体形状呈长身形，表面有不规则细孔。长方柄，短平肩。1986 年于高坪采集。

◎石铲始用并流行于新石器时代，延续至青铜时代，是一种直插式的石质生产工具。其一般为梯形或长方形，体扁薄，刃锋利，多磨制，以圆弧刃或平刃为多，也有尖圆刃的。早期石铲多直接用手握着操作。以后多安上竖向木柄使用，后发展成为石耜。

石 镞 新石器时代

①长 9.7 厘米，重 10 克

②长 7.7 厘米，宽 1.5 厘米，重 10 克

现藏浏阳市博物馆

①

②

① 此件新石器柳叶形石镞，整体形状呈长身形。长方柄，形状匀称美观，表面留有明显的鱼鳞状琢痕。1986 年于白沙锣背山采集。

② 此件新石器时代石镞，整体形状呈长身形。短柄，短平肩。表面留有明显的波浪状琢痕。

◎石镞即石制的箭头。先民将石料先打制成坯，经过磨制十分锐利，可以绑缚于杆端以弓发射，是石器时代和青铜时代初期的狩猎工具或武器。石镞有三角形和柳叶形两种。三角形石镞又有平底三角形和凹底三角形之别，多为白玛瑙石、红褐色和灰白色火成岩石料制成。柳叶形石镞较多，一般都带有两翼，多为灰绿色和浅灰色燧石制成，形状匀称美观，表面留有明显的鱼鳞状或波浪状琢痕。

单孔石刀 新石器时代

长 7.1 厘米，宽 3 厘米，重 16 克
现藏浏阳市博物馆

◎此件新石器单孔石刀，正面呈扇形，器身扁厚，无柄，刀背部中上侧有一圆孔，为两面钻孔，钻面呈喇叭状。器两侧边沿为斜坡状，较圆钝，刃部为两面刃，刃部磨光。

◎石刀即用石头打磨制成的刀。早期石刀既是劳动工具，也是随身携带的武器。

石 矛 新石器时代

长 14.8 厘米，宽 2.1 厘米，厚 2.1 厘米，重 147 克
现藏浏阳市博物馆

◎1986 年于关口采集。此件新石器时代石矛，锋部锐利，较细长如镞铤，背上部有段，利于捆缚。双面刃，刃部磨光，有明显使用后留下的痕迹。

◎石矛，石质兵器，出现于新石器时代。石矛后部捆绑长木柄，使用者或持矛柄刺杀敌人，或举矛柄投刺敌人。弓箭和矛是原始人最重要的武器。

康熙五十八年赎田斋僧勒碑永贻碑 清

高 165 厘米，宽 66 厘米

现藏浏阳市集里街道办事处道吾山风景区兴华寺

◎此盒清康熙五十八年赎田斋僧勒碑永贻碑，青石质地。碑额镌“正因永昭”阴文四字。碑身竖排阴文 19 行，镌 860 个行楷文字，记载道吾山兴华禅寺创建历史、发展规模以及寺田、山场基址赎回等具体情况。碑刻款题时间为清康熙五十八年（1719）。

◎兴华禅寺位于浏阳市道吾山莲花峰麓，始建于唐文宗李昂太和、开成（827 — 840）年间。元代欧阳玄曾咏《道吾山》七律诗，有“古寺神杉十围大”之句。谭嗣同少年时代有赞道吾山诗：“夕阳恋高树，薄暮入青峰。古寺云依鹤，空潭月照龙。尘消百尺瀑，心断一声钟。”

◎此碑虽底座遗失无存，但碑身内容保存完整，其文字清晰可辨，是研究自唐至清浏阳宗教文化发展源流、四大佛教祖庭之一的兴华禅寺创建历史等十分宝贵的重要历史文献。

康熙五十九年登龙山普济禅寺碑 清

高 156 厘米，宽 65 厘米

现藏浏阳市社港镇汇源村新丰组登龙寺

◎此盒清康熙五十九年登龙山普济禅寺碑，青石质地。碑额阳刻“二龙戏珠”图案与“皇图巩固”四字，正文阴镌行书 14 行，477 字。该碑记载登龙山普济禅寺创建于西晋惠帝时，并将禅寺历代主持僧姓名及其发展事略勒刻于石。

◎浏阳登龙寺，原名普济禅寺，坐落于浏阳市社港集镇西 1 公里的登龙山。清嘉庆《浏阳县志》载：“普济寺，在县北登龙山，创自晋惠帝永宁间，明吉藩增建转轮法殿，精蓝之最古者。”其与长沙岳麓山的麓山寺同为湖南最早的古佛寺。

◎碑刻刊立于清康熙五十九年（1720 年），现放置于登龙寺观音阁内。该碑碣虽底座遗失，但碑身石刻保存完好，图文并茂，是难得一见的书画石刻之精品，是考证浏阳宗教文化与登龙山普济禅寺渊源历史的实物例证和重要文献。

皇圖鞏固
登龍山普濟禪寺碑記

乾隆四十一年罗母汤安人墓志 清

长 132 厘米，高 85 厘米，盖板厚 11 厘米，
底座厚 11 厘米

现藏浏阳市博物馆

◎此盒是清乾隆四十一年（1776）罗母汤安人的花岗岩墓志。其由墓志底和墓志盖两部分组成。该墓志为花岗石质地，阴镌楷书丹文 347 字，为亡者之子撰题，记载母亲汤老安人生平事略、子孙繁衍情况。2012 年于浏阳市沿溪镇出土。

◎志文引经据典，用“德秉坤贞，体符巽顺。相父内助，茹蘖饮冰。和丸教子，备极殷勤”等文字，高度赞誉母亲一生相夫教子、为人处世的高尚情操。罗母所生五子，个个聪慧勤奋，学业有成，一人为府庠生（即“秀才”），两人为贡元（对贡生的尊称，府、州、县生员中成绩或资格优异者，升入京师的国子监读书，称为贡生），两人为举人（明、清时，称乡试中试的人为举人）此盒墓志是浏阳清代科举制度与品官家属封赠制度的珍贵文献资料，具有重要的历史价值和书法艺术价值。

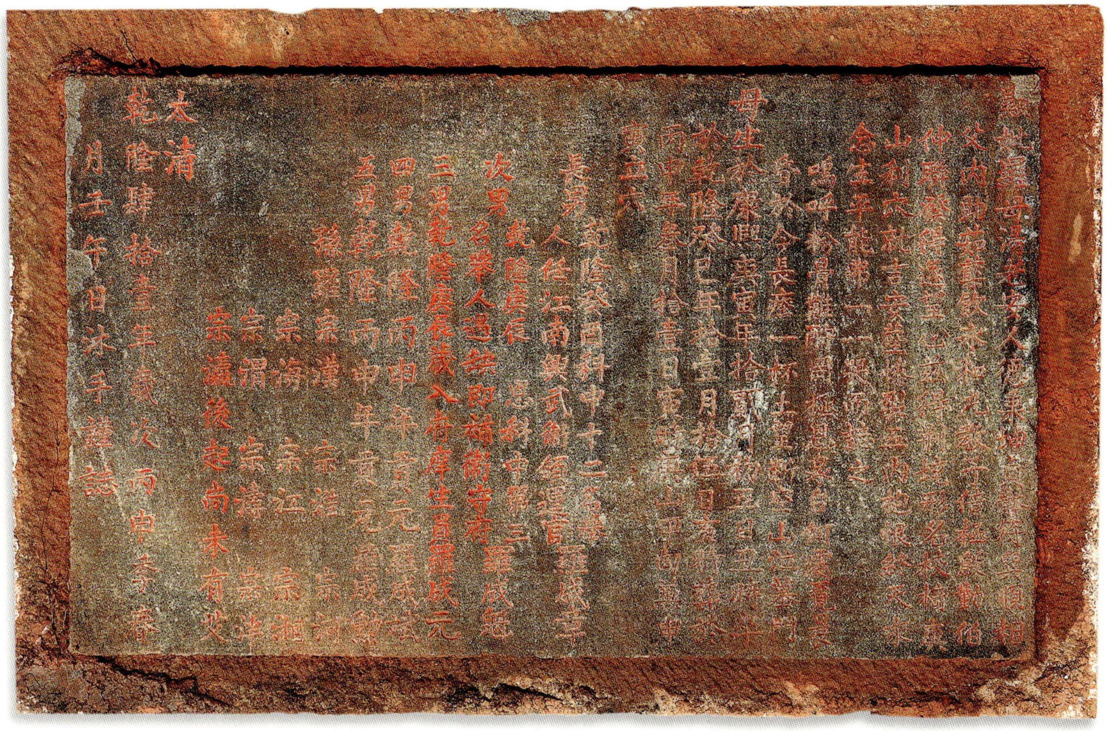

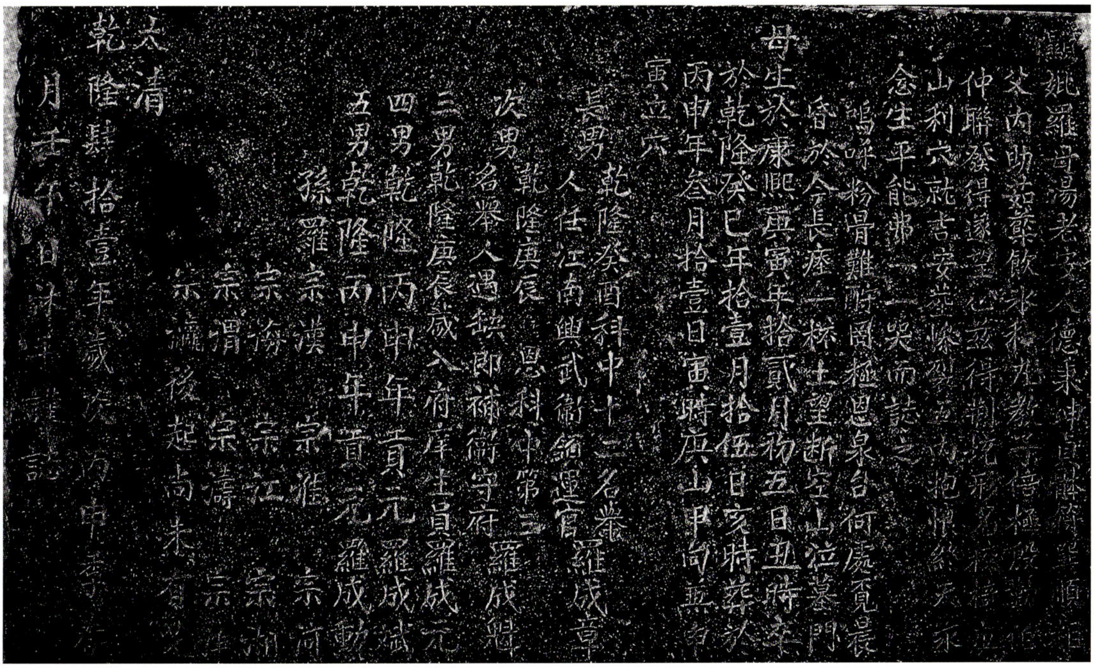

咸丰二年刘母黄安人墓志 清

①长 46 厘米，宽 76.5 厘米，厚 4 厘米

②长 46 厘米，宽 76.5 厘米，厚 1.8 厘米

现藏浏阳市博物馆

◎此盒咸丰二年刘母黄安人墓志，由墓志底和墓志盖两部分组成，共二方，青石质地。志盖正面有篆、楷两种文字，志盖篆书由修职郎刘澍勋书丹。志盖背凸面与志底正凹面，阴刻竖文共48行，墓志全篇 872 字，由亡者夫君敕授儒林郎候铨布政司理问钦加议叙纪录四次刘孝养撰文。铭文记叙原配亡妻黄氏家族关系及其生平事略等，墓志书丹人刘澍霖、镌刻人寿沙李兰英，刻于清咸丰壬子二年（1852）十一月初一日。

◎志底楷书阴刻竖文 30 行，志文全篇 802 字，由邑庠生刘澍霖书丹，楷体书法工整规范，笔画方润整齐，结体开朗爽健。志文由亡者之子刘友榮的叔父刘孝诚代为撰写，记载亡母姓名、籍贯、生平事略及刘氏家族繁衍史等，墓志镌刻人寿沙李兰英，刻于清咸丰二年（1852）十一月初一日。

◎该墓志书体秀美、镌刻刀法精准，为石刻文物之精品，是研究清代丧葬制度和浏阳金刚刘氏家族渊源历史的重要文献资料，具有较高的史料价值和书法艺术价值。

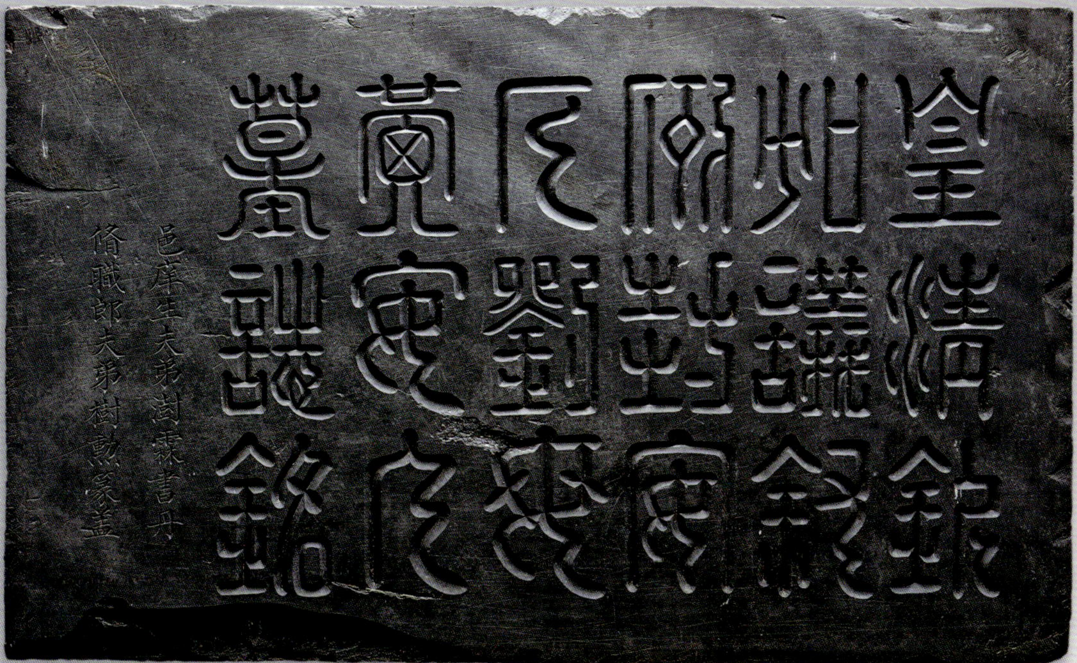
邑庠生夫弟澍霖書丹
修職郎夫弟樹勳篆蓋

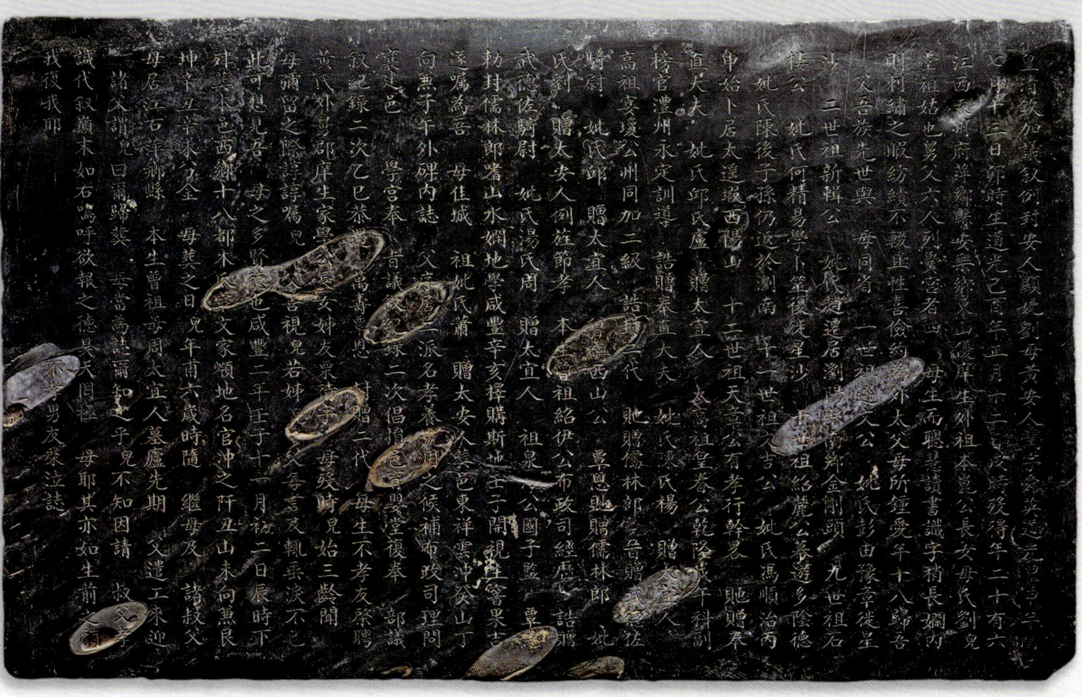

光绪七年奉宪育婴局碑 清

宽 56 厘米，高 139 厘米，厚 5 厘米

现藏浏阳市博物馆

◎此块清光绪七年奉宪育婴局碑，呈长方形，青石质地。墓志从右至左竖文 17 行，阴刻 503 个楷体文字，记载该育婴局成立及发展、各乡民捐赠情况、帮办人及书丹者等信息。石碑镌刻时间为清光绪辛巳年（1881）秋。

◎此块育婴局石碑于 2020 年 4 月 24 日由浏阳市博物馆馆长寻春林、副馆长万霞先和任伶俐在葛家镇金源村征集。征集过程中得到了葛家镇党委的大力支持。

◎育婴堂（也称育婴局），是中国古代一种慈善性收养孤儿的社会组织。凡地方贫户，生育子女无力抚养者，可以投育婴堂，由堂收养，代请乳娘。等孩子长大，仍可叫生身父母领回。如无家可归，则转送孤儿院或贫民习艺所，接受教育，学习技艺，以谋自立。

◎近代以来，随着西方文化的传入，育婴堂得到了一定的发展。清笔记《郎潜记闻》记载："堂元明之世，育婴堂尚未通行。自国家忠厚开基，发粟振饥，岁不绝书，孤独鳏寡，各得其所。世祖皇帝讲筵触发，特严溺女之禁，海内始知育婴为善举，然在官尚无常饩也。仰维孝庄皇后首颁禄米，满汉诸臣，以次输助，不数年，由京师以达郡县，育婴之堂，遍天下矣。"

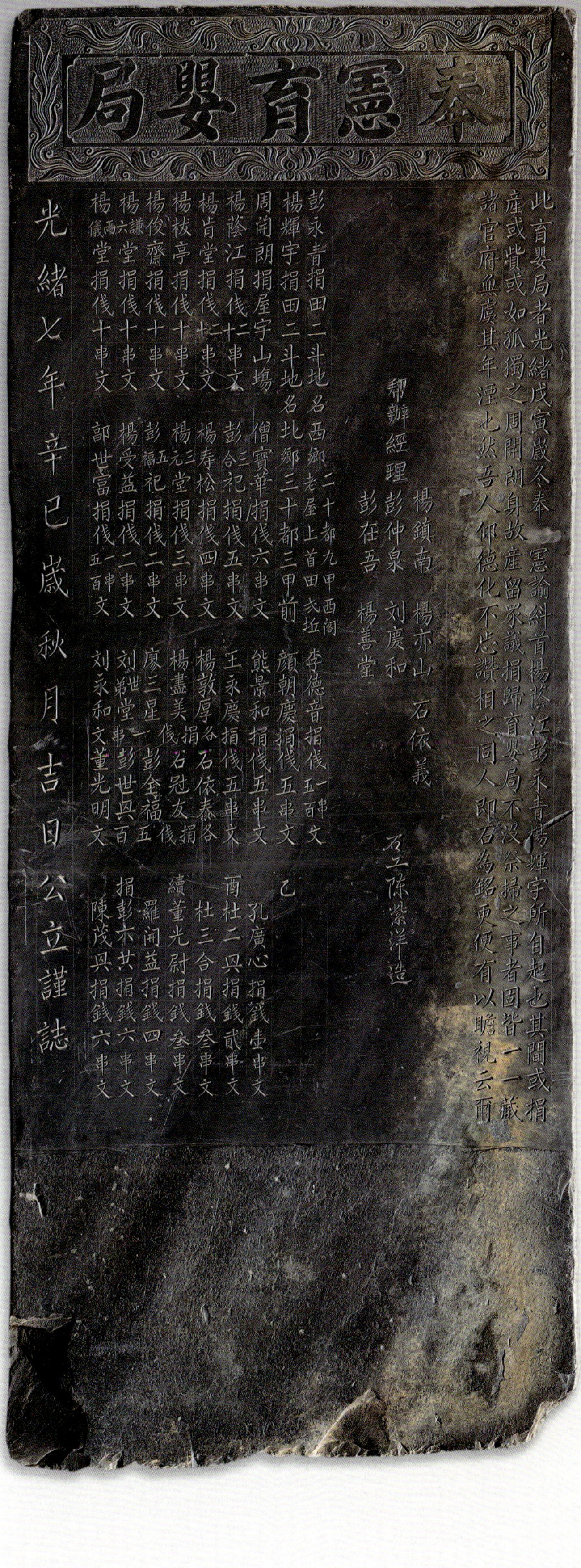
奉憲育嬰局
此育嬰局者光緒戊寅歲冬奉憲諭飭首楊蔭江彭永青楊輝宇所自起也其間或捐
産或貲或如孤獨之周開胡身故産留眾議捐歸育嬰局不沒奈掃之事者固皆一一藏
諸官府無虞其年湮也然吾人仰德化不忘讚相之同人即石為銘更便有以瞻視云爾
幫辦經理 楊鎮南 楊亦山 石依義
彭仲泉 刘慶和
彭在吾 楊善堂
石工陳紫洋造
彭永青捐田二斗地名西鄉二十都九甲西阁老屋上首田弍坵
楊輝宇捐田二斗地名北鄉三十都三甲前
周開朗捐屋宇山場
楊蔭江捐伐十二串文
楊肯堂捐伐十二串文
楊枝亭捐伐十串文
楊俊齋捐伐十串文
楊六謙堂捐伐十串文
楊儀西堂捐伐十串文
僧寶華捐伐六串文
彭合三祀捐伐五串文
楊寿松捐伐四串文
楊元三堂捐伐三串文
彭福五祀捐伐二串文
楊受益捐伐二串文
郜世富捐伐一串五百文
李德音捐伐一串五百文
顏朝慶捐伐五串文
熊景和捐伐五串文
王永慶捐伐五串文
楊敦厚各 石依泰各
楊盡美捐 石冠友捐伐
廖三星一 彭全福五
刘世弟堂串 彭世興百
刘永和文 董光明文
乙
孔廣心捐錢壹串文
酉杜二興捐錢貳串文
杜三合捐錢叁串文
續董光尉捐錢叁串文
羅開益捐錢四串文
捐彭六井捐錢六串文
陳茂興捐錢六串文
光緒七年辛巳歲秋月吉日公立謹誌

光绪十八年贺祥麟墓志 清

宽 50 厘米，高 34.5 厘米，厚 3.1 厘米

现藏浏阳市博物馆

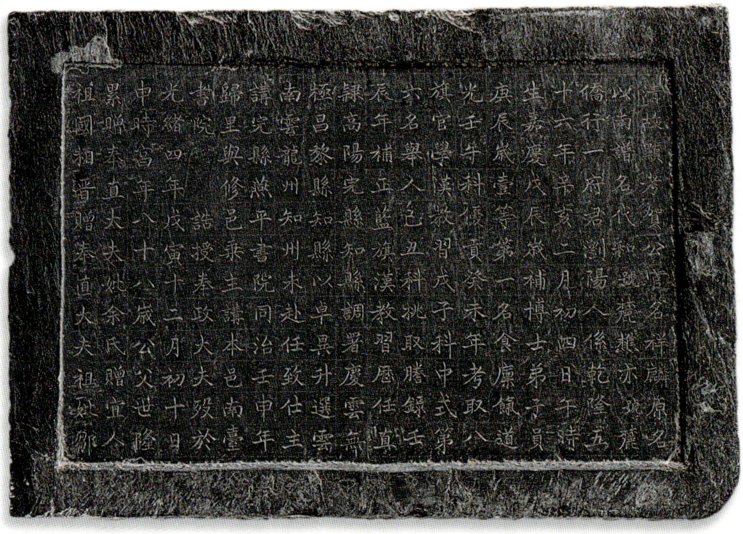

◎此盒光绪十八年贺祥麟石墓志，由墓志底和墓志盖两部分组成。该墓志呈长方形，为青石质地，志文从右至左竖文 38 行，阴镌楷体文字 529 个，记载逝者姓名、籍贯、功名升迁、婚姻状况、子孙繁衍婚配及近亲属封赠和当地葬制习俗等。墓志镌刻于清光绪十八年（1892）。

◎该墓志是考证清代文人科考、仕途升迁、婚姻制度及古代书院设置和当地葬制习俗的重要历史文献资料，具有极高的史料研究价值和书法艺术价值。

光绪十八年奉政大夫高宏基墓志 清

宽 51 厘米，高 42.5 厘米，厚 3 厘米

现藏浏阳市博物馆

◎此盒光绪十八年奉政大夫高宏基墓志，由墓志底和墓志盖两部分组成。该墓志呈长方体，青石质地，志盖从右至左分列 5 行，篆刻“清故奉政大夫高君墓志”10 个文字，志底（凸面左上角稍残）从右至左竖文共 20 行，阴镌 304 个楷体字，记载亡者高宏基姓名、籍贯、迁徙历史、家族关系、生平事迹等。款题时间为清光绪十八年（1892）。

◎该墓志是研究清代品官封赠、丧葬制度及高氏迁徙历史的重要文献，具有较高的史料研究价值和书法艺术价值。

光绪二十年奉政大夫云波墓志 清

宽 38.4 厘米，高 31.7 厘米，厚 3.5 厘米

现藏浏阳市博物馆

◎此块光绪二十年奉政大夫云波墓志，呈长方形，青石质地。墓志从右至左竖文 16 行，阴刻 315 个楷体文字，记载亡者姓名字号、籍贯、家族渊源、子孙繁衍、生平事略以及圹志撰文、书丹者等信息。圹志即墓志。明胡侍《真珠船·坟碑之制》：“《大明会典》：五品以上许用碑，六品以下许用圹志。”该圹志镌刻及下葬时间为清光绪甲午年（1894）九月二十一日。

◎奉政大夫，文散官名。金始置，正六品上，元升为正五品。明正五品初授奉议大夫，升授奉政大夫。清正五品概授奉政大夫。皇帝授予五品奉政大夫的荣衔散官，只是品级和待遇，没有具体职务差遣，以示对臣子的恩宠。

◎此圹志保存完整，文字清秀工整，具有重要历史价值、书法艺术价值和人文研究价值。

皇清誥授奉政大夫府君壙志
府君諱宏焯字長沙府瀏陽
縣人國學生曾祖國學生祖觀亭公國
學生誥封奉直大夫府君生
於道光辛巳年十月十七日午時卒於光緒壬
辰年十二月二十二日亥時春秋七十有二子
男三人長猷增郡庠生次猷培務名錫龍邑庠
生光緒乙丑恩科舉人五品銜揀選知縣三
猷基莆田縣丞女四長適蕭道洋次適
張賴涖三適鄧有逵四適譚孫男八人懋
欽懋鐸懋鈸增出懋鑑懋錦懋銅培出懋鎮懋
鈇基出孫女七人長適涂儒憑次羅維綸三
字歐陽學彭餘待字以甲午年月二十一日
葬於石崖新老屋后山向為塋
男猷培謹志
年愚姪馬文錫頓首拜填諱

光绪二十九年“正堂贺示”碑 清

宽 71 厘米，高 139 厘米，厚 5.5 厘米

现藏浏阳市博物馆

◎此块光绪二十九年“正堂贺示”碑，青石质地，碑额“正堂贺示”四字阳刻于四圆圈内，碑身阴刻楷书，从右至左竖排 24 行，计 1290 字。石碑于清光绪二十九年（1903）十一月十一日立于浏阳古港浆田坳五团公所处，后由文物部门收藏。

◎“正堂贺示”石碑，记载古港职员汤年征、周永裕、周可传、闵世传等人禀请示禁以靖地方事宜，示禁条规共十条，内容丰富，规条清晰，是清末浏阳县令贺某维护地方正常生产、生活秩序的历史见证，也是反映晚清浏阳官府端风正俗，除害安良，靖化地方的重要历史文献之一。

正堂賀示
光翎同知銜署長沙府瀏陽縣事補用縣正堂加五級賀 為
右仰通知
光緒二十九年十月十一日實刻湶田坳五團公所

李兴锐墓碑龟趺 清

长 227 厘米，宽 123 厘米，高 95.5 厘米

现藏浏阳市博物馆

◎此件李兴锐墓碑龟趺，花岗岩质地。龟趺口微张，露齿，呈昂首状。颈部较饱满，脊背。背中部驮碑，碑为青石质地。背部有六边形琢痕。2006 年于古港李进初墓出土。

◎龟趺又名赑屃、霸下等，龙生九子之一，排行老六。貌似龟而好负重，有齿，力大可驮负三山五岳，多为石碑、石柱之底台及墙头装饰的灵禽祥兽。

◎李兴锐（1827—1904），字勉林，浏阳市三口镇人。清代著名大臣。咸丰二年（1852），以诸生办团练。四年（1854），率军阻扼太平军西征部队进攻浏阳。咸丰五年（1855），曾国藩驻湖口，李兴锐总管粮台，治湘军军需。同治七年（1868），随曾国藩调直隶，补大名府知府，升道员。九年（1870），襄助彭玉麟规划长江水师营制。十三年（1874），日本侵犯我国台湾基隆，其办理机要，修筑炮台。光绪元年（1875），总办上海机器制造局，并增设船厂、炮厂。光绪十五年（1889），任天津海关道。二十一年（1895），补天津道，调山东东海关道（登莱青道），次年任长芦盐运使。二十三年（1897），任福建按察使。光绪二十六年（1900），擢江西巡抚。疏浚鄱阳湖，导水入江；整顿厘捐；创设农工商局、矿务公司、工艺院、课吏馆等。二十八年（1902），署广东巡抚。时清廷诏行“新政”，其奏请开特科、整学校、课官吏、设银行、讲武备等。二十九年（1903），任广西布政使。光绪三十年（1904），任两江总督。同年八月病卒于任，终年 78 岁。

宣统元年“正堂朱示”碑 清

长 80 厘米，宽 46.5 厘米，厚 3.5 厘米

现藏浏阳市博物馆

◎此块宣统元年“正堂朱示”碑，青石质地。碑刻呈长方形，碑额右至左镌“正堂朱示”四字，正文从右至左竖文 8 行，阴镌 170 个楷文。此碑记载了浏阳达浒职员黎肇勋等禀请政府严禁村民私造筒车、水碓、毒鱼等有损农田正常浇灌事，请求县衙颁布具体禁令内容等，立碑时间为清宣统元年（1909）己酉仲冬月吉日。

◎“正堂朱示”碑是整治水利的禁令告示，见证清末浏阳县令朱某重视农田水利事业，对当地水资源合理分配使用，杜绝村民因排灌争端事故发生等历史事件，对当时维护社会治安稳定，促进当地农业生产起到了积极作用。

宣統元年己酉仲冬月吉日刻

浏阳文庙学宫界碑 清

长 86 厘米，宽 34 厘米，厚 20 厘米

现藏浏阳市博物馆

◎此块浏阳文庙学宫界碑为花岗岩质地，上刻有“学宫界”三字。该碑用来标记学宫区域与周边地区之间地界。2015 年于浏阳文庙出土。它是浏阳古代庙学合一，尊师重教最直接的实物见证。

◎学宫，即古代地方政府设立的学校，在我国已有两千五百多年历史。至明清时期，我国所有府、州、县几乎都立有学宫，俗称为州学、县学等，专用于为国家培养人才。

◎浏阳学宫作为官方的教育机构，传承着浏阳的文脉，推动了浏阳教育的发展。北宋治平二年（1065 年），浏阳人李绶“破天荒”考取了进士。绍圣元年（1094），著名理学家杨时到浏阳担任县令，他在衙门开坛讲学，开化民智，浏阳“更彬然称儒雅乡焉”。在中国历代科举取士中，浏阳共出进士 42 名（含武进士 4 名）。至清同治年间，浏阳共有举人 208 名（含荐举等），贡生 266 名，各类军功、吏选、例纳、阴袭、封赠者等 388 名。其中不乏青史留名者，如欧阳玄，元延祐二年（1315 年）探花，为官四十余年，先后六入翰林，两为祭酒，以史学成就最为突出，曾奉诏编修四朝实录，总裁辽、金、宋三史，纂修《经世大典》，人称“一代宗师”。

湖南公路局路碑 民国

长 100 厘米，宽 35 厘米，厚 2.8 厘米

现藏浏阳市博物馆

◎此块湖南公路局路碑，青石质地，上刻有“民国二十三年二月湖南公路局建”14 个文字。

◎1933 年 9 月至 1934 年 10 月，国民党政府组织对中央苏区实施第五次围剿，湖南军阀何健为了防止红军入湘，便于运输兵源和军需，修建了长沙经浏阳，通往江西上栗的公路。此块湖南公路局路碑就是在当时刻制的，可以从侧面见证红军反围剿斗争的经历。

“庭瑞”款寿山石章 民国

高 5.4 厘米，宽 2.4 厘米，重 26 克

现藏浏阳市博物馆

◎此枚寿山石章，正面刻松树、楼阁等图案，底部刻“庭瑞”印文。“庭瑞”为吉祥用语，意为满庭祥瑞，象征着民国时期该章所属者对美好生活的向往。

◎关于寿山石，在民间流传着“凤凰彩卵留人间”“女娲遗石在人间”“仙人遗棋子陈长寿捡石发大财”“蜂蜜化石”“高僧求石”“乾隆一梦”“田黄治病”等传说。

“鸣凤朝阳”款寿山石章 民国

高 13 厘米，宽 5.9 厘米，厚 2.3 厘米，重 466 克
现藏浏阳市博物馆

◎此枚民国寿山石章，正面刻深山寺庙、古松及得道高僧等图案，背面刻亭宇、古松及拱桥等，底部阳刻篆文“鸣凤朝阳”。“鸣凤朝阳”为吉祥用语，象征着民国时期该章所属者对美好生活的向往。

◎寿山石是中华瑰宝，中国传统“四大印章石”之一。因产自福建省福州市晋安区寿山乡而得名。元代篆刻家以叶蜡石作印材，使寿山石名冠“印石三宝”之首，登上文化大雅之堂。加上明、清帝王将相的百般青睐，寿山石雕刻艺术从萌芽到发展到鼎盛，寿山石雕成为上至帝王将相下至黎民百姓都喜爱的文化艺术珍品。民国时期，印章收藏之风极盛，专门收藏印章的藏家辈出，以寿山石刻印风行一时。寿山石章洁净如玉、柔而易刻，备受书画家、篆刻家的赏识，如吴昌硕、齐白石等著名书画家，都对寿山石钟爱有加。

孔子是我国历史上伟大的思想家、政治家、教育家，儒家学派创始人，历来受到世人的尊崇与祭奠。

公元前478年，即孔子卒后的第二年，鲁哀公将孔子故宅辟为寿堂，开始对孔子祭祀。公元前195年，汉高祖刘邦过鲁，首次以“太牢”祭祀孔子，开孔子祭祀活动升为国之大典的先河。

浏阳古乐始创于清道光年间，由浏阳监生邱之稑以毕生精力所经制，他创制了以凤箫为标准音器的祭孔成套乐器，编制了浏阳文庙祭孔乐谱和文武之舞，形成了融礼、乐、歌、舞于一体的祭孔仪式。浏阳文庙祭孔仪式规模宏大，以礼为核心，八音齐备，音调中正平和，舞姿谦恭揖让，旋律舒缓庄重，体现了孔子“以礼立人”“仁者爱人”“和贵中庸”的思想。浏阳古乐为浏阳赢得“国乐古礼在浏阳”之美誉，曾国藩赞曰“精探正乐，雅淡和平”。

浏阳文庙祭孔乐器

浏阳祭孔乐器依质地不同分为八大类——金、石、土、木、丝、革、竹、匏，包括镛钟、特钟、编钟、特磬、编磬、瓷埙、鼖鼓、鼗鼓、搏拊、应鼓、琴、瑟、柷、敔、匏埙、匏笙、篪、洞箫、龙笛、凤箫等，现存20种126件（套），其中有些乐器为浏阳独创。这些乐器的形状、内涵等文化特点，在子篇中将分别予以介绍。

中华人民共和国成立后，祀典虽停，但党和政府对浏阳古乐的保护工作极为重视，省、县文化部门曾多次组织进行发掘研究整理工作。1953年，浏阳县文化馆将古乐器、礼服、舞器等千余件交由湖南省博物馆保存。1962年，古乐器曾运回浏阳，由中央文化部拨专款，进行了全面修复与整理工作。1965年，古乐器再次运往湖南省博物馆保存至今。2015年，浏阳市政府拨专款，复制祭孔乐器一套，现陈列在浏阳文庙大成殿。

特 钟 西周

高 43 厘米，铣长 28.2 厘米

现藏湖南省博物馆

◎该特钟呈合瓦状，铜质，中空，分为甬、钲、鼓三部分。钲上有枚 36 个，按上、中、下三排分布，每排 12 个。钟主体纹饰为云雷纹，横向纹饰为云纹，其基本特征是回旋曲折盘绕的几何图形。

◎该钟悬挂在簨虡上，簨虡上部呈二龙戏珠的架构样式，架构上描有金粉，簨虡下部为红色框架。

◎因铜镈钟是独用一枚，故称特钟。浏阳的镈钟，一直用的邱之稑从樵夫手中购得的那口成周古钟。

◎特钟，又称“镈钟”是古代八音中的金类乐器。大型单个打击乐器，《圣门乐志》说：“凡作乐先击钟，所谓金声也者始条理也。”所以，历代的祭孔奏乐，都以特钟奏于一曲之始，然后众乐齐鸣。

镛钟 清

高 167 厘米，下空直径 133 厘米，重约 7500 克

现悬挂于浏阳文庙钟楼内

◎该钟呈倒莲瓣形，铁质。中空，径圆，上小下大，顶端有钮。钟的上、中、下部分别刻有“天人和谐”“笙歌唱平”“礼乐祈福”“国泰民安”“天下大同”的铭文，寓意吉祥。

◎镛钟是古代八音的金类乐器中体量最大的一件古乐器。《说文解字》有云：“大钟谓之镛。”镛钟一般悬挂在文庙的钟楼，与鼓楼的鼖鼓相配，是古代祭祀时所必用之器。此钟一式一件，在祭祀开始时，和着鼖鼓的节奏敲响，谓之“金鼓齐鸣”。

歌
唱
國
泰
民
月

编 钟 清

高 28.4 厘米，口径 15.5 厘米，腰径 21.4 厘米

现藏湖南省博物馆

◎该钟形似枣形，铜制，上端有钮，钟体内空，下口平。由二十四枚频率不同的钟，分两个簨虡上下两层依音阶高低悬挂，十二枚为一组，便形成了编钟。他们的外形大小同样，以内径的大小和钟体的厚薄区别其音高。

◎编钟是古代八音中的金类乐器。自古以来，编钟就是大型乐队中的重要乐器之一，既是旋律性乐器，又是色彩性乐器。

◎此钟一式两组，祭祀演奏用其一，用于每句开始。每篇乐章，八句击八响。

應鍾
仲呂
半大呂
倍林鍾

特磬 清

高 35 厘米，长 54.6 厘米，厚度 2.9 厘米

现藏湖南省博物馆

◎该磬呈曲尺状，玉或者石琢成。一段阔短，叫股，一段狭长，叫鼓。面上铸有云纹和龙纹，边缘和尖角处铸有龙纹和蝙蝠纹，寓意吉祥。

◎该磬曲角的顶端凿有小孔，安上铜环或丝绦面，悬挂在特制的簨虡上，股端在右，鼓在左。

◎此磬在祭孔奏乐中一式一件，每曲结束时，有分工敲击特磬的乐工手执专用的小木槌敲击演奏，以示曲终。

◎特磬又叫“离磬”，属古代八音中的石类乐器。特钟与特磬在孔庙乐队编制中各具独特功能，金、石之声首尾呼应。在奏乐中以特钟一响宣起律首，以特磬一声而告乐终，以象“金声玉振”之义。《孟子 · 万章下篇》曰：“孔子之谓集大成。集大成也者，金声玉振之云也。”以此赞扬孔子集先贤之大成。

编 磬 清

高 29.5 厘米，长 47.5 厘米

现藏湖南省博物馆

◎形同特磬，较之略小，以玉或者石琢成。一段阔短，叫股，一段狭长，叫鼓。铸有龙纹和云纹。

◎二十四枚平面大小一样磬，悬挂在两个簨虡上，股端在右，鼓在左，十二枚为一组，便形成了编磬。编磬十二正律分别为：黄钟、大吕、太簇、夹钟、姑洗、仲吕、蕤宾、林钟、夷则、南吕、无射、应钟。他们的外形平面大小一样，而以其侧体的厚薄决定其音高。编磬属古代八音中的石类乐器。

◎此磬一式两组，祭祀演奏中用其一。《文庙丁祭谱》所云："夫乐之有德钟特磬者，乃一章之始终条理也；乐之有编钟编磬者，乃一句之始条理也。"编钟的"职能"在于按照乐章每句开始时，先击一响，以引发众乐齐鸣。编磬是当乐章每句之末字将要收音时，由乐生适时地击一响，以收该句尾声。

林鐘
夷則
南吕
應鐘

瓷埙 清

高 10 厘米，吹口 1.3 厘米，底径 5.1 厘米，
腰径 7.2 厘米，前后五孔直径 1 厘米

现藏湖南省博物馆

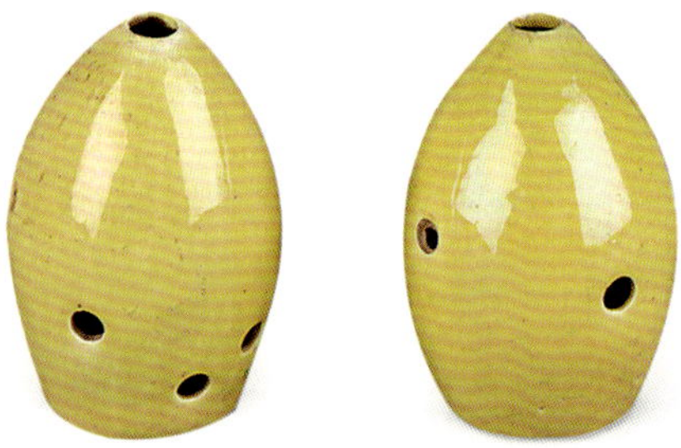

◎该埙呈秤锤状，圆唇，小口，为吹口，口沿内敛，溜肩，圆鼓腹，下腹内收，平底矮圈足，下腹部前开有三小孔、后开两孔。该器胎体洁白，质地坚硬，器身饰黄釉，釉色纯净，有光泽。

◎埙是古代吹奏乐器，属古代八音中的土类乐器。埙早在原始社会就已出现，在新石器时期发现一音孔陶埙，这是先民们用于模仿禽兽鸣叫声的，作为辅助性捕猎工具，所以也叫一音孔陶哨。到后期，埙的制作有很大进步，有两孔、三孔、五孔的埙出现。埙从早期以生产为主的工具，到后面发展为可以吹奏简单曲调的乐器，这也是陶哨的一大发展。

◎此埙祭祀演奏时一式两件，五音孔，目前保存完整。

鼗鼓 清

鼓身长 18.2 厘米，面径 22.5 厘米，
腰径 27.5 厘米，鼓柄高 142 厘米
现藏湖南省博物馆

◎该鼓形似民间的拨浪鼓，由鼓身、鼓柄、木架构成。鼓身以皮革制成，绘有丹凤朝阳纹饰，寓意吉祥。鼓框左右系绳，绳上原栓有珠子(已损)，鼓柄立在红色木架上。

◎鼗鼓属古代八音中的革类乐器。祭祀演奏时一式一件，乐生快速左右摆动鼓柄，使两侧铜铃撞击鼓面，发出“咚咚咚”连贯的碎鼓点，以配合乐章各句之尾声。

鼗鼓 清

长 267 厘米，革面直径 133 厘米

现悬挂于浏阳文庙亭楼

◎该鼓也称为“大鼓”“贲鼓”，形如木桶，木桶框皮革制成，横向安放在木簴上，一式一件。

◎鼗鼓属古代八音中的革类乐器，是一种打击乐器，处于众乐之首的重要地位。按照古代礼制，在举行祭孔典礼之前，必先击鼓，也就是在“迎神”仪式之始，击大鼓长鸣，以儆众人，以戒视听。

◎孔庙的大鼓是一种庄严的象征，旧时祭孔大典在半夜子时开始，在这夜深人静的时刻，大鼓之声，撼天震地。

万世师表

搏拊 清

长 41.5 厘米，面径 24 厘米，
腰径 32.5 厘米，木簴高 133 厘米

现藏湖南省博物馆

◎搏拊形制类似一般堂鼓，但比堂鼓略小，由鼓身和木簴构成。鼓身两面制革，腔内装糠。鼓外形的漆绘与应鼓相同，鼓面绘有凤鸟，寓意吉祥。

◎祭孔乐器中此鼓一式两件。演奏时，两乐工伴着应鼓的节奏同时抚拍鼓面。搏拊的另一个用途是在唱歌中为每字击节。方法是：出字时以左手搏之；再字以右手搏之；三字以左手搏之；四字以左右手齐拍之。

◎搏拊属古代八音钟的革类乐器，是一种古老的打击乐器。为了使其不与琴瑟争鸣，所以在鼓的腔内蓄有糠，其令声柔

◎和不铿，以特为释奠乐而击节。《礼记·名堂位》也提及“搏拊”是古代奏乐的必备之器，可知，搏拊早在西周前后已被应用于各种礼乐之中了。

应鼓 清

鼓长 74 厘米，面径 42—46 厘米，
腰径 52 厘米，木簴高 207 厘米
现藏湖南省博物馆

◎应鼓是由鼓身、木簴、鼓槌构成。鼓身和木簴均为红色，鼓身横向安放在木簴上，木簴的形制富丽堂皇，雕刻有两凤凰展翅。鼓面由革制成，上绘有凤鸟，寓意吉祥。

◎应鼓，与䴙鼓同，但较小，属古代八音钟的革类乐器。祭孔演奏时，此鼓一式一件，乐工用木槌敲击，其声宏大，震耳欲聋。用于每一句之末，以示众乐皆收。

◎应鼓当是在祭祀孔子乐典中的重要之器。鼓用于祭祀，有着古老的传统。《左传·成公十三年》云：“国之大事，在祀与戎。”《国语》云：“夫祀，国之大节也。”

琴 清

① 通长 119 厘米，隐间 110 厘米，琴额 16 厘米，琴肩 18 厘米，琴尾宽 13.2 厘米
现藏湖南省博物馆

◎该琴由琴面、琴弦、琴徽、岳山、蝇头、琴底、龙池、风沼、雁足、轸子、轸池、护轸等组成。琴面为梧桐木斫，琴底为梓木斫。冠角、岳山、雁足为黄杨木所制，张有七根弦。无断纹，栗壳色漆灰，纳音微凸。

② 通长 119.5 厘米，隐间 111 厘米，琴额 16.6 厘米，琴肩 18 厘米，琴尾宽 13 厘米
现藏湖南省博物馆

◎该琴面为梧桐木斫，琴底为梓木斫。冠角、岳山、承露为紫檀木所制，未上漆。琴轸、雁足微黄杨木所制，张有七根弦，蚌徽（已褪光），无断纹，栗壳色漆灰，无腹款，铭文，凤沼上有“礼乐局”三字（烙印）。

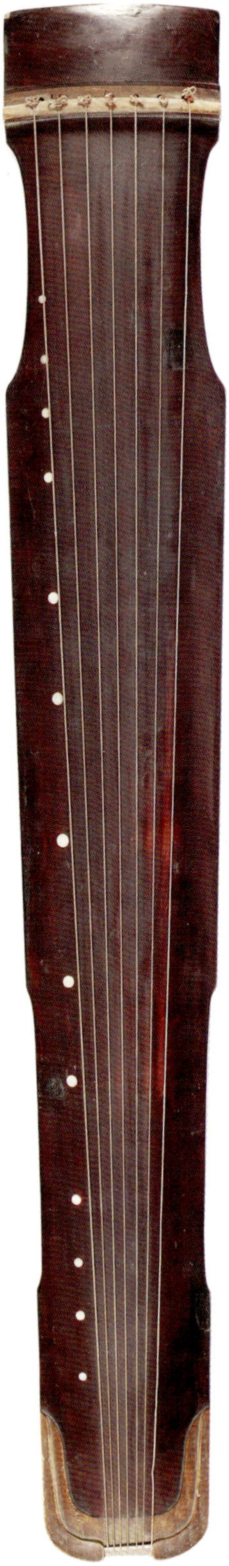

③ 通长 119 厘米，隐间 110 厘米，琴额 17.7 厘米，琴肩 17.8 厘米，琴尾宽 13.5 厘米
现藏湖南省博物馆

◎该琴面为梧桐木斫，琴底为梓木斫，冠角、岳山、承露为黄杨木所制，张有七根弦，蚌徽（已褪光）。无断纹，黑色漆灰，纳音微凸，龙池内刻有“淮川邱行原制，道光丙午桂秋”腹款，道光丙午（1846）。无铭文，凤沼上有“礼乐局”三字（烙印）。

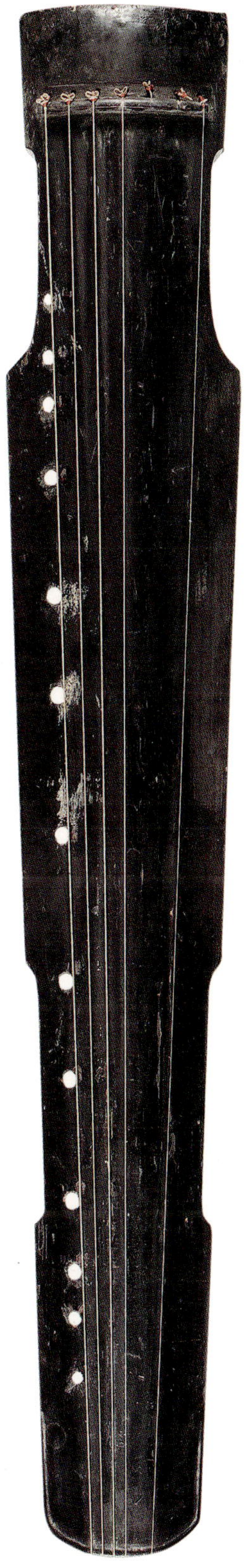

④ 通长 117 厘米，隐间 108 厘米，琴额 16.5 厘米，琴肩 18 厘米，琴尾宽 12.7 厘米

现藏湖南省博物馆

◎该琴面为梧桐木斫，琴底为梓木斫。冠角、岳山微紫檀木所制，未上漆。无承露，紫檀木雁足，黄杨木琴轸，张有五根弦，蚌徽（已褪光），无断纹，黑色漆灰。龙池内刻有“道光十九年己亥岁易晴澜制”，腹款，琴额比较圆，弧度比较大，无铭文、印鉴。

◎琴，属古代八音中的丝类乐器，在祭祀演奏时一式六件，其中四件保存完整，均为浏阳礼乐局制造。

瑟 清

长 206 厘米，首端宽 45.4—45.9 厘米

现藏湖南省博物馆。

◎该瑟身是长方形，由“瑟面”“瑟边”“瑟额端”“瑟尾端”“瑟槽内面”以及“瑟底外面”等六大部分组成。瑟面上有二十五弦，每弦有柱，可以推动，是用以调弦和确定音高的，叫瑟柱。

◎瑟，属古代八音中的丝类乐器，在祭祀演奏时一式四件，其中两件保存完整。瑟流行于春秋时期，常与古琴合奏。《诗经·关雎》：“窈窕淑女，琴瑟友之。”《诗经·鹿鸣》亦有：“我有嘉宾，鼓瑟鼓琴。”因此，古人常将两者并提。

◎瑟的演奏有一手掐作或双手合作两种弹拨方法。从清代以来，祭祀孔子沿用双手合作的指法，以求古瑟和众乐器之间达到和谐统一。

柷 清

上方 90 厘米，下方 66.7 厘米，深 60 厘米

现藏浏阳文庙

◎该柷，木质，四面绘有山水田园风景画，形状如方桶，上宽下窄，中空有底，上开圆孔。击柷的叫“止”，木质，形如旧时收租用的荡扒。

◎柷，是以撞击其内壁而发声。击柷乐生用双手掌握“止”柄，以“止”之下端撞击柷内三面圆鼓处，各击一响，接着有？钟一响，引发乐起，众乐齐鸣。

◎柷，属古代八音中的木类乐器，在祭祀演奏时一式一件，原件已无。刘熙《释名》说：“柷以作乐”，击柷是作为雅乐开始时的起拍。所以，柷用于祀中每个篇章开始，起到指挥的作用。

敔 清

高 24 厘米，长 83 厘米，宽 28 厘米，齿高 3 厘米，籈长 80 厘米，直径 4.6 厘米

现藏湖南省博物馆

◎该敔，木制，形状如虎，全身多处装饰花瓣图案，在虎的脊背上，刻有二十七个龃龉，从颈至尾分三行，中行十一齿，左右各八齿，用木尺划而发声。击敔的叫“籈”，木制或竹制，部分一端为笼帚形。

◎敔，属古代八音中的木类乐器，在祭祀演奏时只有一件，现保存完整。《文庙丁祭谱》说：“凡作乐曲终，鼓声即毕，即击敔。先三击首，而后栎其背，于龃龉上横栎之，所谓敔以止乐也。”说明了敔在祭祀中所起的作用。乐终时，用籈击敔首三下，又在龃龉上扫乐三下，以收乐奏余音。

◎柷和敔，各主首末，谐俪呼应。

匏埙 清

高 9 厘米，口径 2.5 厘米

现藏湖南省博物馆

◎该器物呈球形，圆唇小口，直颈，口沿至颈部开有一槽，用于吹奏，溜肩，圆鼓腹，上腹书写有金色“匏”，下腹部前开有三个小孔，后两孔，圆底。红色漆面，美观坚固。

◎匏埙，属古代八音中的匏类乐器，在祭祀演奏时，一式两件，都保存完整。古代的匏类乐器，如笙竽，都是以竹管植于匏瓜上制成。自唐代起，笙斗改用木制。以木代匏，匏音久绝响人间。清道光年，邱之稑用匏瓜干燥后开孔，试制成了匏埙，填补了八音之缺，其音质古朴温厚，别具风韵，使音乐更为丰满和谐。古代乐器中无此乐器和名称，乃浏阳独创。

匏笙 清

长 52.5 厘米，径 8 厘米

现藏湖南省博物馆

◎笙，黄管乐器，由簧片、簧管、匏瓜三部分组成。底座是匏，上设黄管，故为匏类。演奏时，手按簧管下端的指孔，吹吸振动簧片而发音，能凑和声。常用的有十三簧和十七簧两种，浏阳匏笙向用十三簧。

◎匏笙，属古代八音中的匏类乐器，在祭祀演奏时，一式六件，其中两件保存完整。由于笙具有和声功能，且音色明亮清越，与钟磬共相合奏，尤其谐悦动听，所以自西周以来，素享“钟笙”之称。它是祭祀、乡射等礼乐活动中的重要乐器之一。

篪 清

长 39.5 厘米，管外径 3.3 厘米

现藏湖南省博物馆

◎篪，竹制的管乐器，以湘妃竹或紫竹制成。绘有龙纹，加以漆饰。单管横吹乐器，与横笛相似，不同的是，篪的两端封闭，篪身上开有六孔，从吹口量至低端，以通长 74.5% 开第一孔，25% 开第六孔。在这 2 两孔之间，将第二、三、四、五孔，均匀排列。

◎篪，属古代八音中的竹类乐器，在祭祀演奏时，一式四件，目前保存下来的有六件，其中两件保存完整，四件有裂纹。篪历史大约在三千年以上，它应当是中国竹笛的前身。即使在竹笛进入了广为流传的唐宋时期，篪也依然是以其特殊的风韵在传统乐舞中沿用不衰。尤其是祭祀乐舞，一直沿袭到 20 世纪中叶。

◎篪的音色浑厚轻柔，谐悦和中，尤宜轻吹，其韵不凡。在祭孔演奏中与陶埙合奏，两者相和默契。正如《诗经·何人斯》曰：“伯氏吹埙，仲氏吹篪。”歌诗反映的是埙、篪两者音韵谐悦，恰似兄弟，情同手足。

洞箫 清

长 55.2 厘米，管外径 3.4 厘米

现藏湖南省博物馆

◎洞箫，竹制的管乐器，以湘妃竹或紫竹制。绘有龙纹，加以漆饰。所谓“洞箫”，即“空洞无故，故曰洞箫”。又因为从顶端开口直吹，所以古代又叫竖吹。

◎洞箫，属古代八音中的竹类乐器，在祭祀演奏时，一式六件，其中四件保存完整。是中国较为古老的竖吹单管多音的竹类乐器。祭祀孔子沿用周代乐制，虽然各朝各室的编制不尽相同，但作为洞箫，一向是具有相当数量的。

◎洞箫音色浑润中和、悠扬深远，它与琴、瑟、钟、磬、埙等众声极为和谐。由于洞箫具有善谐、善和的音色功效，而居中国四大管乐器之一。当然，洞箫因其特殊音质，尤受江南民间所推崇，素为“江南丝竹”之乐的主要乐器之一。

龙笛 清

长 65 厘米，管外径 2.7 厘米

现藏湖南省博物馆

◎"龙笛"，汉代叫横笛。所谓龙笛，是在笛的形制上，加上了精制的龙头龙尾，作为装饰。用湘妃竹或紫竹，取竹体圆直的，通长 65 厘米，一端在 12 厘米处留一节，刮去其他节。在留节之端，距节约 1.6 厘米处开一吹口，从吹口量至 40 厘米的管底两旁开气孔，校音后，依次在吹口的一面开六孔。绘有龙纹，加以漆饰。

◎龙笛，属古代八音中的竹类乐器，在祭祀演奏时，一式六件，其中四件保存完整。笛是我国最古老的乐器，多用于独奏、合奏和歌唱的伴奏，在民间乐队中，常位于领奏的地位。

◎龙笛编制，素来不少于洞箫，其缘就在于龙笛音色富有穿透力，明亮甜美，清爽动人，因此，古人视龙笛为竹器中之雅声。

凤箫 清

高 35.4 厘米，宽 50.6 厘米

现藏湖南省博物馆

◎凤箫，竹制，即排箫。因各管长度不一，故又名“参差”；又因竹管并排组合，亦称“比竹”。浏阳文庙凤箫排列方式是短管居中，两边依次渐长，雕刻双龙戏珠图案，加以漆饰，两翼张开犹如凤，故称“凤箫”。

◎凤箫，属古代八音中的竹类乐器，在祭祀演奏时，一式两件，目前保存下来的有四件。吹奏的时候，以两手捧持，管上端有吹口。凤箫具有清脆淳朴的音色，可用于独奏、两箫重奏以及众乐合奏等。在祭孔合乐中有缀饰乐悬阵容的作用。

◎自秦代以来，凤箫的吹管数目是有变化的，祭祀中的凤箫是古代宫廷雅乐的统一形制，共十六管，按左右排编，分阴阳各八管。而浏阳文庙凤箫，是二十四管的，将十二律：阳六律，阴六吕，分为阴阳两组，又分别加上倍律三管，半律三管，倍吕三管，半吕三管，合为二十四管。它是古乐中的纲领乐器，各种乐器都以它的音阶为标准。

“玉”指的是自然界的美石，即温润而有色泽的美石。玉器是使用天然玉石加工制成的器物。东汉许慎《说文解字》称：“石之美者谓之玉”，并认为玉具有坚韧的质地、晶莹的光泽、美丽的色彩、细腻的纹理、悦耳的声音等“五德”。中国古代玉器常用于祭祀、礼仪、丧葬以及佩饰等场景，凭借其质地润泽、晶莹透亮、美观大方，逐渐幻化成道德的象征，在历史长河中久享盛名。玉是中国传统文化的一个重要组成部分，玉和中国民族的历史、政治、文化和艺术的产生和发展都有着密切的关联，它影响着中华民族世世代代的观念和习俗，自古就蕴含着深邃的文化内涵。

中国是世界上采玉最早、用玉最广泛的国家。按玉原料的质地，可分为软玉和硬玉。我国古代玉器质地多为软玉。软玉是一种天然矿产，系含水的钙镁硅酸盐，硬度6.5，韧性极佳，半透明到不透明，属纤维状晶体集合体，按其颜色可分为白玉、青玉、青白玉、碧玉、黄玉、黑玉等，主要产于新疆的昆仑山、天山和阿尔金山地区。此外，辽宁岫岩、陕西蓝田、河南南阳等地也是我国古代玉器原料的产地。

玉的文化还体现在玉雕工艺上。“玉不琢不成器”，任何一块好的玉石，经过人工雕琢，才赋予其新的价值和魅力。我国的玉雕工艺，源远流长，可以追溯至新石器时代早期，距今已有七、八千年的历史。

玉器

古人佩玉，不仅是装饰，还表现人的精神世界和品行修养。《礼记》曰“古之君子必佩玉”，古人视玉为民族的精魂，它代表着高尚的人格、优秀的品德以及对美好生活的向往。人们不仅认为玉象征着高贵、纯洁、友谊、吉祥、平和、美丽，还可以避邪护身。中国人历来尊玉、爱玉、玩玉，自古赏玉习俗绵延不绝。

浏阳市博物馆收藏的玉器品种众多，琳琅满目，多为明清时期的藏品。明清时期是一个玉文化繁荣的时代，浏阳民间也盛行佩带各种玉佩饰。有钱的人佩戴的玉器较多，有玉簪、玉镯、玉佩、玉带钩等，几乎装饰全身上下。一般平民百姓也常会戴个玉手镯，所用玉料大多为青玉、白玉、青白玉等。清代早期翡翠开始流入中国，以翠玉制作的手镯、饰件在浏阳也逐渐常见。

透雕苍龙教子玉带钩 明

长 10.5 厘米，宽 2.4 厘米，高 4.25 厘米，重 66 克

现藏浏阳市博物馆

◎此件透雕螭龙玉带钩，由钩首、钩身和钩纽三部分组成。整器作圆弧螳螂形，钩首为回首龙头，龙角弧弯颈内收，龙头微昂，前额稍隆起，双目突出，龙嘴微张，回望幼龙，似有言语。钩身上透雕幼龙一条，俯首面向苍龙，圆眼，长尾卷曲，四足站立呈驻足状，似在听取教诲。钩身下部有一圆形钩纽，用于固定在丝织物上。螭是中国上古神话传说中的龙生九子之一，属于一种没有角的龙。此带钩螭龙与钩首的苍龙相对而望，是“苍龙教子”的典型形象，表达了中国古代“父养子，应与教；养不教，父之过”的传统教育理念，寓意望子成龙、吉祥美好。

◎此款玉带钩具有明显的明代玉带钩的特征：龙首昂起，较宋时宽大，龙眼已从重眉中游离出来，眼球突起；螭的耳尖由元代下耷式，转而向上方耸立；钩的躯体造型已从琵琶形转向螳螂形，两龙间距偏短，钩体变薄，钩纽亦低。整器由和田白玉雕琢而成，玉质温润，工艺精湛，线条流畅，形态优美，为明代玉带钩中的精品。

◎带钩，又名“师比”，为古人用于腰带上扣拢腰带，所谓“带约其要(腰)，钩挂于带”(王充《论衡》)。其制造材料有铜、铁、玉等材质。而玉质的带钩始于战国，其基本形状一般为扭曲“S”形，钩首向上弯曲成钩状，用于勾连，钩身底部有钮，起固定作用。钩首多作兽首装饰，其中又以龙首居多。

◎历史上玉带钩的流行主要在两个时期：一是战国至汉代；二是元明清时期。自宋代开始，玉带钩以浮雕螭纹玉带钩多见，并且成为后世玉带钩纹饰的主流。到了元明清时期，玉带钩已由实用性转向玩赏性，多采用浮雕、透雕技法，雕琢技艺高超、纹饰华丽、古意盎然，体现出丰富的人文内涵。

参考文献／／赵宏伟《玉带钩的出现与发展浅说》，《收藏家》2011 年第 1 期。

／成　昕《玉带钩的历史演变》，《收藏》2018 年第 1 期。

玉坐佛像 清

高 8.7 厘米，底座长 8.3 厘米，重 383 克

现藏浏阳市博物馆

◎此件玉佛像为佛祖释迦牟尼坐像。其头上有螺髻，开脸端庄，面容慈祥，眉目祥和，眼细长，面颊饱满；长袖宽袍，双领下垂，衣纹圆转流畅；双手仰放下腹前，右手置于左手上，两拇指指端相接。这一手印表示禅思，使内心安定之意，也称“禅定印”。双足作结跏而趺坐，相互交叉置于左右两股上，俗称“双盘”坐像。整像以和田青白玉雕琢而成，形态庄重肃穆，体现了佛家慈悲为怀的精神。

◎佛教发源于印度，西汉末年至东汉初年传到中国，南北朝兴盛起来。唐代诗人杜牧曾作诗“千里莺啼绿映红，水村山郭酒旗风。南朝四百八十寺，多少楼台烟雨中”，反映了南朝时期江南佛寺的盛况。随着佛教流行，各类质地的佛造像制作技艺日臻成熟，工艺越来越精湛，也更趋于本土化。此件玉坐佛像线条流畅柔和，表现出含蓄、纯粹、空灵的东方禅意，具有鲜明的东方民族风格。

双羊蝙蝠玉水丞 清

长 20.6 厘米，宽 11.8 厘米，重 1424 克

现藏浏阳市博物馆

◎此件双羊蝙蝠玉水丞由和田青白玉雕刻而成。整器圆雕，大小双羊背向连体而卧，羊头高耸，目光前视，细长眉，羊嘴微张露齿，鼻吻窄且前突；两侧羊角内卷，削耳后展，紧贴角旁；羊腮部、胸部、腿弯处雕有整齐的平行短直阴线表示体毛，线纹连贯飘逸，富有张力。羊作静态伏卧，身躯饱满，肌肉隆起，蹄趾分明，呈现出一种古朴、雄浑的体量感。水丞一侧，以玉皮俏色雕有一只头向上而展翅飞翔的红色蝙蝠。

◎水丞，是一种古老的中国传统工艺品，与滴、水注、笔洗，是古代读书人文房中不可缺少的水器，多置于书案上，是古代读书人用于砚池的贮水小罐。一般还会给水丞配备精致的小水勺，以便于舀水入砚池，雅致讲究。

◎水丞除实用意义外，还带有观赏性，其制作工艺精巧、妙趣天成，附加了文人的喜好、品味，成为文人宣泄情感的物象，营造出品味独特的文人生活和雅逸高洁的书斋情趣。此件双羊蝙蝠玉水丞采用多重动物组合制作，羊与蝙蝠均是中国古代吉祥物。东汉许慎《说文》：“羊，祥也。”由于“羊”“祥”同义，“吉羊”即“吉祥”。“蝠”与“福”同音，整器寓意着吉祥（羊）如意、福在眼前、洪（红）福齐天的美好愿望。

浮雕龙纹碧玉带扣 清

高 6 厘米，宽 3.9 厘米，厚 1.5 厘米，重 55 克
现藏浏阳市博物馆

◎此件浮雕龙纹碧玉带扣，材质为岫玉，呈深绿色，扣面浮雕盘龙，龙头小而似蛇，双目炯炯，犄角分明，昂首相视。龙身中段向左右各伸出一肢，龙躯盘曲，身披细鳞，有如穿梭于云霞之间。从龙纹形体来看，是将蛇的形象加以神化而演绎出来的，雕刻精湛，龙角、龙首、龙身栩栩如生，如行云流水。此件玉带饰采用浮雕技艺，正面供欣赏，背面留有一长方形孔，以便将此玉饰件穿过腰带佩戴于身上。

◎岫玉也称岫岩玉，是一种软玉，因主要产地在辽宁岫岩而得名，是中国历史上的四大名玉之一，属于蛇纹石质玉石，以其质地温润、细腻、性坚、晶莹、透明度好、颜色多样而著称于世。岫玉有强烈的蜡状光泽、玻璃光泽、油脂光泽，质地坚实而温润，细腻而圆融，多呈绿色至湖水绿，其中以深绿、通透少瑕者为珍品。

翠玉手镯 清

外径 7.9 厘米，内径 5.7 厘米，重 78 克

现藏浏阳市博物馆

◎此件翠玉手镯种质佳，玉质莹润，呈半透明状，翠色鲜阳，色感清亮。玉镯内圈圆，外圈圆，条杆圆，因为讲究圆圆满满，所以这种玉镯也称为福镯，讲究精圆厚条，庄重正气。

◎玉镯是一种佩戴于手腕的环状玉饰品，也称“钏”或“手环”。早在新石器时期玉镯就已经进入人们的生活，各个时期的玉镯也大有不同。大汶口文化玉镯呈外方内圆形，具有一定的装饰性，不仅表面磨制光滑，有的还刻有简单的纹饰。春秋时期玉镯多为扁圆形，唐代出现了镶金玉镯。发展至宋代，玉镯呈圆环形，内平外圆、光素无纹。明清时期，缅甸翡翠玉石得到大面积的开采，从清朝乾隆年间开始，翡翠就备受皇家成员的喜爱，翡翠便达到了一个空前的全盛时代。翡翠玉镯是富贵人家的女性出嫁的必备陪嫁之物。

◎佩带于手腕的玉质装饰品，现在依然流行不衰，是能够显示身份、装饰仪表的优选饰物，也是养颜、护佑的佳品。

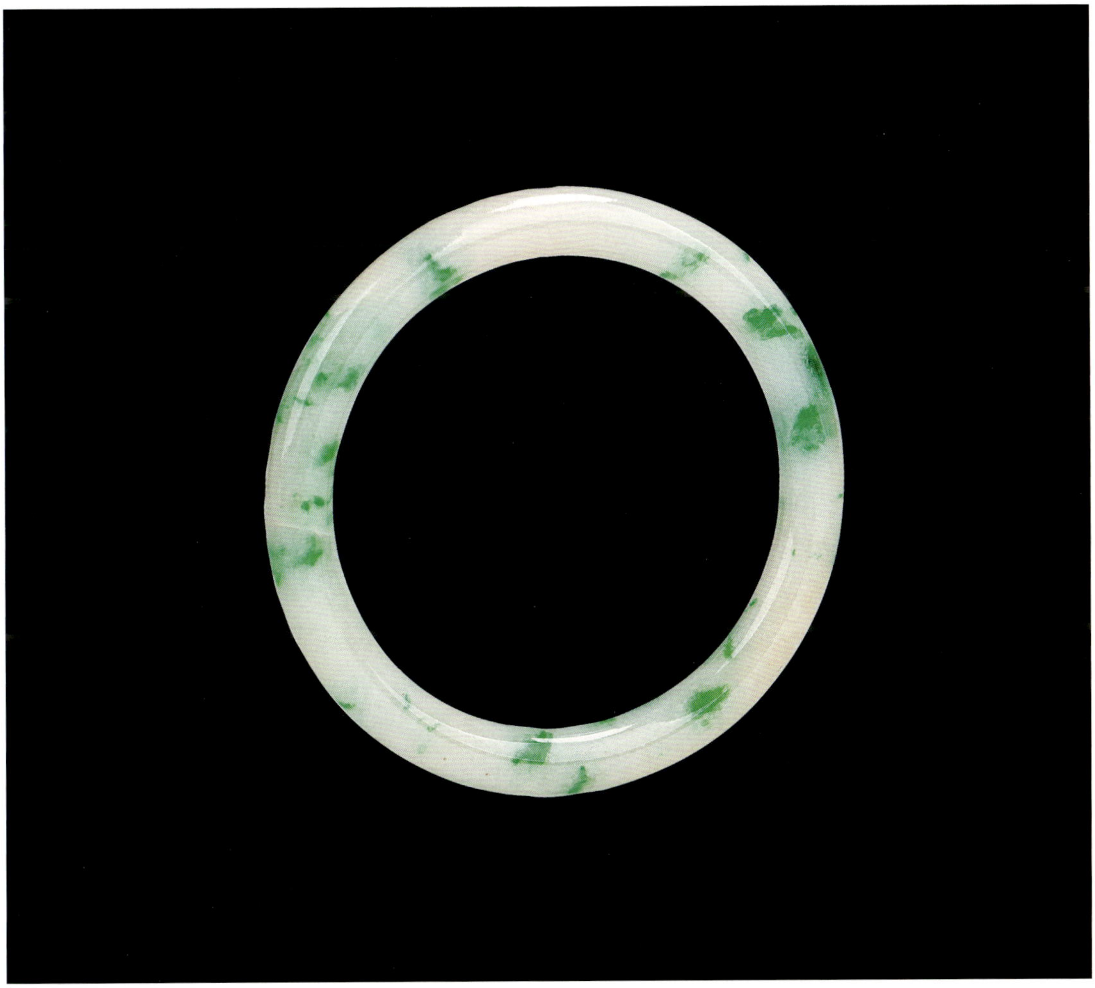

龙首柄玉梳 清

长 7.83 厘米，宽 2.9 厘米，厚 0.68 厘米
现藏浏阳市博物馆

◎此件龙首柄玉梳由和田白玉整体制作而成。其玉质透白，微泛黄。梳背圆弧形，线条流畅优美。梳柄为龙首形，龙口昂首微张，阔鼻，粗眉紧压双眼，眼圆外凸。整个玉梳造型古朴雅致。

◎玉梳在我国具有悠久的历史，最早可以追溯到遥远的新石器时代，山西襄汾陶寺遗址、东北红山文化遗址、浙江的良渚文化遗址中都出土过一些玉梳。

◎玉梳对原材料要求较高，材质不能太硬也不能太软，否则不能成形；原料不能有绺裂，杂质要少，不然梳齿极易折断。

◎制作玉梳对工匠的技艺和手法要求也很高。工匠在进行雕刻时要全神贯注，手部全程保持同样的力度，否则一旦工具折断或不慎掉落，高速旋转的雕具会把梳齿打下来，导致玉梳报废。

◎玉梳对人体有保健作用。头部为“诸阳之首”，有很多重要穴位，梳齿对头部的末梢神经和皮下毛细血管会产生刺激，促进大脑中枢神经的调节，加强血液循环，消除大脑疲劳，提高大脑思维和记忆能力，精力旺盛，也能防脱发、明目。

◎古人把头发又称为“青丝”，取“情思”之谐音。梳理头发的玉梳自然成了男女间的定情信物，有互许终身，白头偕老之意，成为玉雕领域一道美丽的风景。

镂雕花卉纹带勺玉发簪 清

高 16.2 厘米，宽 1.76 厘米，重 10 克

现藏浏阳市博物馆

◎此件镂雕花卉纹带勺玉发簪，簪首略弯曲呈如意形，镂雕缠枝花卉图案，簪体呈长条状圆锥形，上粗下细形，光素无纹，末端稍尖，以便穿插头发。玉簪整体以和田白玉制作，通体打磨，玉质莹白，光洁温润，雕琢精细。

◎簪是古人用以绾发或固冠于发的实用佩饰，是古代女性发饰中最为流行的一种饰物和束发工具。玉簪看似温婉素净，对材料的选择十分讲究，要求无明显瑕疵，无纹无裂。由于玉簪细长精巧，在雕刻打磨的过程中很容易断裂，要做到每一个工序都完美，有很大的难度。在古代，纯手工做出一支玉簪是十分珍贵的，此簪饰以花叶，寓意女性为金枝玉叶。

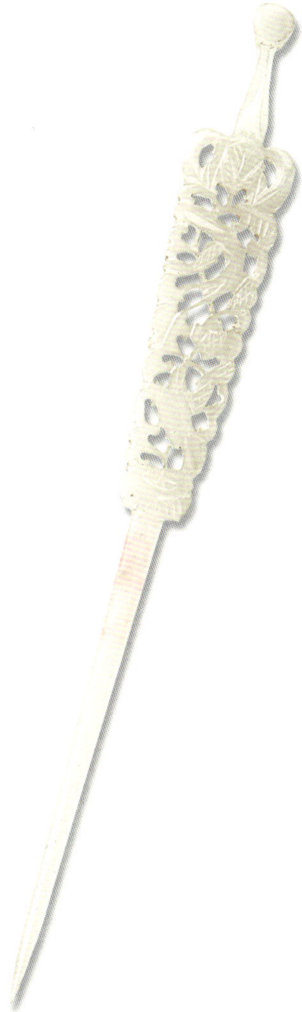

猴钮玉印 清

长 2 厘米，宽 1 厘米，高 4.5 厘米，重 20 克
现藏浏阳市博物馆

◎此件猴钮玉印为青白玉雕刻而成。印纽是一只立体玉雕猴。其吻部突出向上，圈眼，突出，尾巴蜷曲紧贴身后。整个立体玉雕猴，惟妙惟肖，生动活泼。印面刻有阳文篆体“日”和“风”二字。

◎印钮，最初仅仅只是为了方便携带印章，和印章是分不开的。后来随着审美的发展，逐渐成为了一种雕刻工艺和寓意价值，常雕刻各类瑞兽和吉祥图案，赋予玉雕印章招财吉祥的寓意。此件玉印兽首雕成猴状。猴子灵活机敏，是聪慧灵巧的象征。因“猴”谐音“侯”，被人们赋予更多的吉祥美好寓意，“封侯拜相”“马上封侯”“挂印拜侯”等，象征着吉祥富贵、仕途通畅。

◎常见的玉雕印章大概有这几类：姓名章、闲章、收藏鉴赏章、肖像章等。闲章大多是作者寄情的印章，主要表达了作者当时的某种心境或者情谊。此枚猴首玉印便属于闲章。

◎印章文化是中国传统文化中独具特色的文化现象，玉石印章的历史源远流长。最早的“印”，以陶制印，将泥涂在模子上，半干后取出表面便留下了印纹，虽简陋但具有识别性。秦朝统一六国后，制定了严格的等级制度，规定了帝王才可以使用玉制印章，称“玉玺”，普通人不能使用玉制印章。玉印，成为权利和身份的象征。

◎从陶开始，到帝王专用，再到人人都能拥有，玉印形象和使用者的转变，不仅是历代审美的继承和延续，也可从中感受到华夏文化数千年的转换与变迁。

透雕蝙蝠梅花纹玉佩 清

直径 5.64 厘米，厚 0.5 厘米，重 25 克
现藏浏阳市博物馆

◎此件透雕蝙蝠梅花纹玉佩由和田青白玉雕刻而成。表面有牙黄色沁，沁色自然华美。玉佩为圆形，呈扁平体，玉佩正中雕有一如意花纹，环形外上下各有一只展翅的蝙蝠，左右则是一朵盛开的五瓣梅花，蝙蝠梅花纹相互缠枝环绕。玉佩上下各有一小圆孔，便于穿过线绳，将玉佩系在衣服上。整器造型优美，玉质润泽如膏脂，纹样典雅吉祥。

◎在我国传统文化中，梅花瓣为五，象征着“福、禄、寿、喜、财”，故明清时期梅花纹样是玉器中最常用到的花纹之一。由于“蝠”与“福”字同音，蝙蝠也被赋予“遍福”之寓意，象征幸福、如意。在随身携带的玉佩中雕刻蝙蝠，也有着出入平安、有福相伴的寓意。这件如意、梅花、蝙蝠多重纹饰组合的玉佩，整体寓意延绵不断的吉祥如意，平安幸福。

◎玉佩是古人佩戴于身上最常见的玉器之一，一般体量较轻、体积较小，以便随身携带。除了单件玉佩，还有组佩，就是将几种不同形状的玉佩，用彩线穿组为一串系挂在腰间，行走间玉佩相撞，发出悦耳的声响。

◎在玉佩中，往往运用了瑞兽、人物、花鸟、纹饰等形象和文字等中国传统图案造型，以吉语、神话故事为题材，通过比拟、借喻、双关、谐音及象征等表现手法，构成“一句吉语一幅图案”的艺术形式，反映出人们对美好生活的追求和向往。

秋叶卧猫纹玉佩 清

长 5.82 厘米，宽 2.5 厘米，厚 1.3 厘米，重 22 克

现藏浏阳市博物馆

◎此件秋叶卧猫纹玉佩由和田青白玉制作而成。其一面雕刻秋叶，有主脉一根，两边各有支脉数根。正面的叶脉雕琢成凹槽状，背面的叶脉呈相应凸起，边缘琢磨得圆润光滑，叶片打磨细薄呈凸弧状，极具真实感。玉叶汲取传统的阳线、阴线平凸等多种琢玉工艺，抛光细腻，薄胎圆润，琢工精致。另一面玉叶内雕有一卧猫，其双耳竖起，蜷伏而卧。玉佩一端钻有两个小孔，用于系绳，便于随身携带。整件玉质晶莹润泽、细腻柔润，构思奇巧，造型生动，动静结合，妙趣横生，具有极高的艺术价值。

◎在中国汉字中“叶”谐音“业”，寓意事业有成，步步高升。叶还有枝繁叶茂、开枝散叶的意思，寓意子孙繁衍兴旺。而猫，谐音“耄”，在我国民间有猫有九条命的说法，所以，猫也有着福大命大、祈福避灾、长寿延年的吉祥寓意。

◎玉器制作讲究“图必有寓，寓必吉祥”，其纹饰图案采用谐音法、用典法、象征法、图文法等，表现出古人祈福平安如意的心理和对美好生活的向往，同时也饱含极具特色的中国传统民俗文化。

纸是用以书写、印刷、绘画或包装等的片状纤维制品。纸的发明是人们长期经验的积累和智慧的结晶。考古资料证实，我国最早出现的纸始于西汉。东汉时期，湖南耒阳人蔡伦总结前人的造纸经验并改进了造纸工艺，他用树皮、麻头及敝布、鱼网等原料，经过挫、捣、炒、烘等工艺制造出纸，这是现代纸的渊源。这种纸取材容易、价格低、质量好，逐渐得到普遍使用。魏晋南北朝时期，我国造纸术不断革新，并开始向国外传播。造纸术是中华民族享誉世界的伟大发明，对人类文化的传播和世界文明的进步作出了杰出的贡献。

纸出现以前，人们把文字书写在竹片或木板上，称为简牍；或者把文字写在绢帛上，称为帛书。由于纸明显轻便低廉，到公元三至四世纪，已经基本取代了简、帛而成为我国主要的书写材料。纸的出现，有力地促进了我国文化的交流和发展。

纸质品属于有机物，由于酸的作用和材质的变化以及温度、湿度、光、霉变等的影响侵害，难以长时期保存。浏阳市博物馆收藏了一批完整而且价值相当高的纸质品，其中一部分为名人手迹；另一部分则是浏阳文化教育、音乐礼仪、传统民俗发展历史的见证。

名人字画是指有较高社会地位和名望的人所留下的文字书法和艺术绘画作品，浏阳珍藏有叱咤风云的政治家谭嗣同、唐才常、刘人熙等的亲笔真迹，也有著名绘画大师徐悲鸿的书信手迹，这些蜚声海内外的人物与浏阳有着密切的关系，是浏阳的骄傲，他们的作品不仅有极高的历史、艺术价值，同时也具有重要的研究价值。

文化教育在浏阳有着悠久的传统。宋代理学家杨时创办浏阳第一所官办书院——文靖书院后，浏阳文风蔚起。至清末时期，浏阳境内拥有文华、围山等八大书院和众多私塾。浏阳人历来重视文化，讲究诗书传家。文人在浏阳备受尊敬。勤奋好学一直是浏阳人的传统。本书中便有与国学专修馆有关的纸质品以及试卷，这正是浏阳重文习文的历史见证。

纸质品

音乐礼仪也是浏阳民间富有特色的传统习俗。红白喜事和各类节日都离不开音乐。许多地方都有自发组建的戏班、乐队，他们传承着祖辈们的音乐梦想，为浏阳人的生活增添了庄重的氛围和热闹的情趣。浏阳礼乐在清代晚期和民国时期享誉国内，有“用礼古乐在浏阳”的美称。文庙礼乐便是浏阳音乐礼仪的代表。

浏阳人历来传承和恪守着优良的道德作风，家风严谨，善恶分明。为家族争光，让祖先荣耀是古代教育的要求，因而光宗耀祖的观念较为鲜明。好人好事能得到广泛的传颂，并被记录在家谱中，激励和鞭策着后人不断上进。家谱又称族谱，是记录一个家族的世系繁衍和重要人物事迹的书。浏阳人对家谱极为看重，凡家族都修有自己的家谱，这也是每个家族的荣耀。20 世纪下半叶，很多家谱失修甚至失传，未能较好地保存下来。近些年，续修家谱之风重新兴起。《浏阳易氏之谱》是保存完整的一套民国时期家谱，弥足珍贵。家谱在浏阳民间有着深刻影响，它是一种特殊文献，对于研究历史、民俗和社会发展有着重要意义。

浏阳县考试卷 清

长 93.5 厘米，宽 26 厘米

现藏浏阳市博物馆

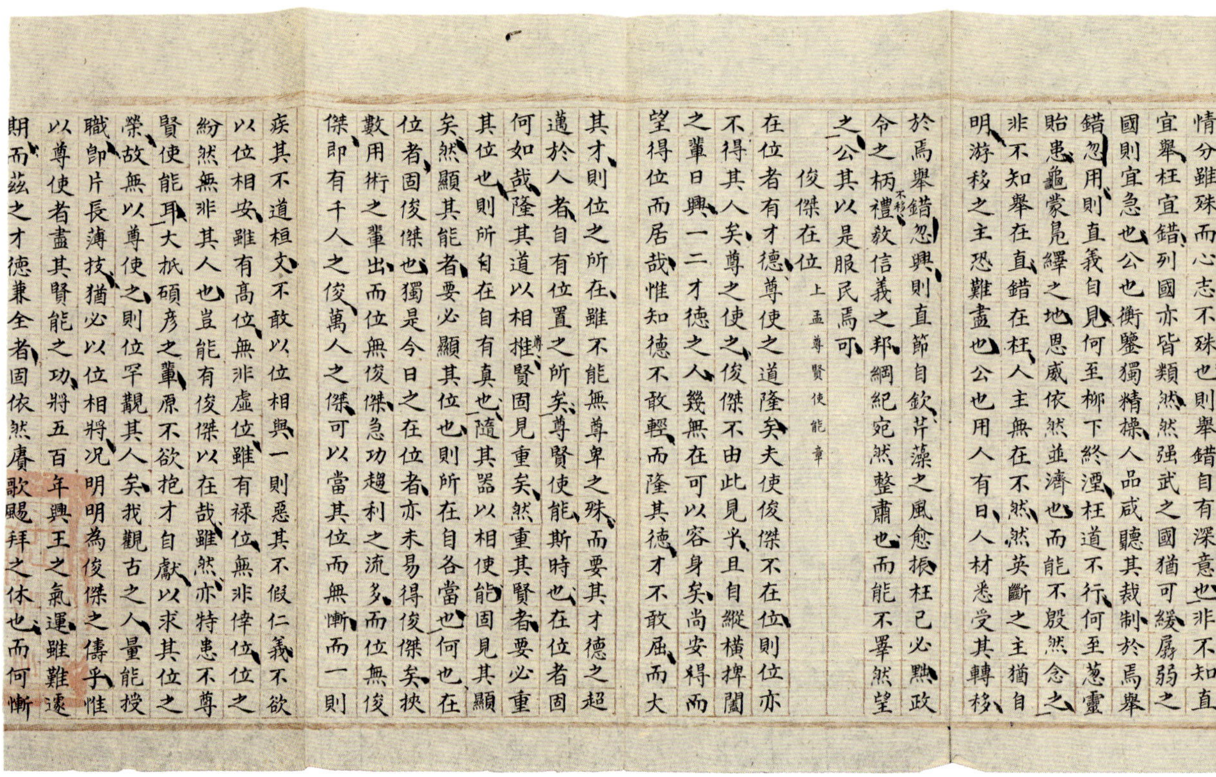

◎该试卷是清道光年间浏阳县邱景堦参加县考的试卷，分为正页、正文，共 4 页 7 面，内容稍有残缺，字体苍劲有力。正页具体介绍了县考生邱景堦的姓名、年龄、身高、长相和家族四代的基本信息以及保人的姓名。正文是考生作答手稿。正页、正文均盖有长沙府印。该试卷可以说是清朝学生参加科举考试“准考证”和“身份证”“答卷”的三合一。

◎在封建社会，中举、入仕是每个读书人实现人生理想或追求更好生活的目标。清代科举考试共

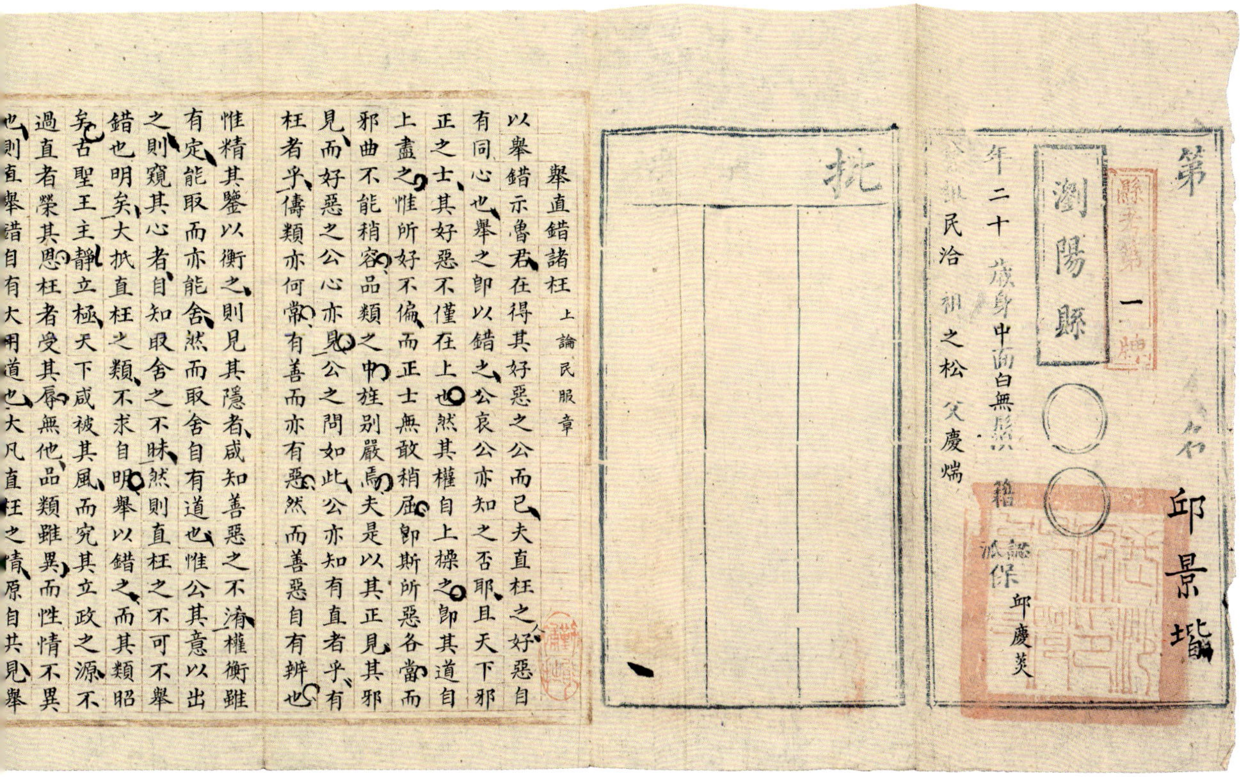

分为院试、乡试、会试、殿试、廷试五个等级。邱景增参加的考试为浏阳县试，是院试中最低的一级，一般由县官主持，时间多在二月。学生报名须如实填写父母、祖父母、曾祖父母三代存、殁、已仕、未仕的履历，出具本县廪生担保，保其身家清白方准应考。

◎这份清代县考试卷对于研究清代长沙地区的科举制度和浏阳兴文重教有着一定的历史价值。

《律音汇考》清

长 27.5 厘米，宽 16.3 厘米，高 5 厘米，
现藏浏阳市博物馆

◎《律音汇考》是由邱之稑于道光九年（1829）至道光十五年（1835）间所著。书内为楷书黑色小字，直行排列，线装版。

◎《律音汇考》共八卷，分别论述“律吕”“乐器”“仪礼”以及“诗乐”。其中，共论乐器包括：尺、凤箫、洞箫、篪、笛、笙、竽、埙、琴、瑟、编钟、编磬等 12 种。全书结合《周礼》《尚书》《诗经》等内容，熔歌、舞、礼、乐于一炉编纂而成，且最末以琴瑟谱复原演奏《诗经》原文，更是前无古人之举。

◎邱之稑（1781—1848），字逄升，号穀士，浏阳太平乡水围村人。自幼有志于音韵之学。为后世能对古乐进一步传承，避免律制混乱，他放弃科考而专心于古乐的研制。道光十五年（1835），在总结前人古乐著述的基础上，结合自己潜心研究几十年的心得体会，撰写了《律音汇考》一书。时湖南布政使龚绶称其“研究微渺，以承绝学”“驳难汉儒，自成新义”。后来光绪帝将这本《律音汇考》一书定为当时全国唯一一本学习古乐的教科书，在全国范围内推广。

◎《律音汇考》不仅在当时对浏阳古乐的复兴，为中国古乐的发展作出了一定贡献，更为后世传承与研究古代雅乐提供了重要的史料。

参考文献／／乔书田《中国古代乐人名典·综合篇（八）》，载《音乐生活》2018 年第 12 期，第 31—33 页。／谢俊仁《邱之稑<律音汇考>与<丁祭礼乐备考>乐谱对康熙十四律的启示》，载《天津音乐学院学报》2018 年第 2 期，第 89—100 页。

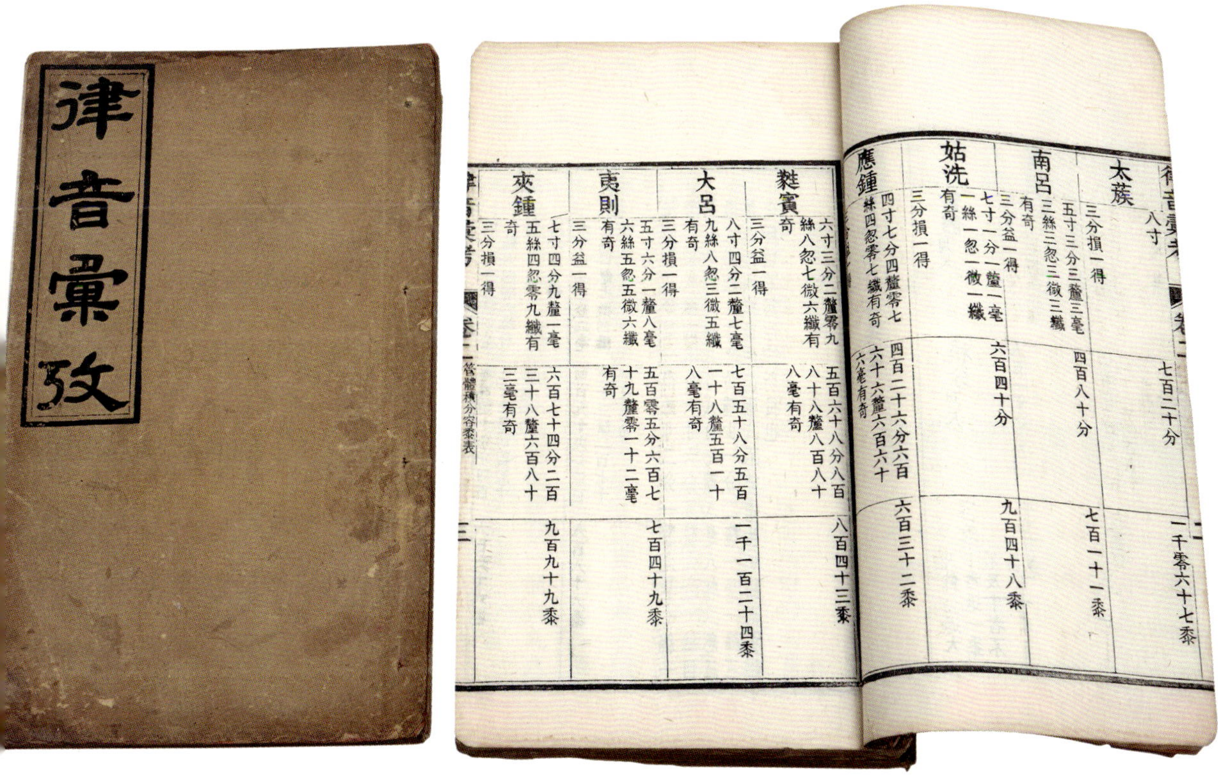
律音彙攷

《文庙丁祭乐章》清

长 17.9cm，宽 10.3cm

现藏浏阳市博物馆

◎《文庙丁祭乐章》是由老佾生谭常锟所保存的浏阳礼乐局刊发详细记载丁祭各乐章的声谱。全乐章为毛笔楷书黑色小字，直行排列，线装版。封面以楷书题名“文庙丁祭乐章”六字，封二则写有成书日期及机构“癸酉仲秋月礼乐局重镌”。

◎乐章共六个章节，分别为：《迎神昭和之章》《初献雍和之章》《亚献熙和之章》《终献渊和之章》《撤馔昌平之章》和《送神德和之章》，均采用宫商字谱和律吕字谱记写。其宫商字谱，为一字一音，具有“典型”的雅乐曲谱意味；至于律吕字谱，则依不同宫调显现两种不同的律吕音位。这种四字一句的雅乐样态在实际演奏中的具体变化为：第一和第二个字均各自两拍，第三和第四个字各为四拍，其中第三个字变化最为丰富，而第四个字则是拖长拍的情状。其音调中正平和，旋律舒缓庄严。

◎浏阳礼乐局自清道光9年（1829），每年春秋两季在浏阳文庙举行祭孔大典，从凌晨三点到五点，历经两个小时，八音齐奏，礼、乐、歌、舞四者配合默契，参加人数约200人，规模宏大，气势壮观。

◎《文庙丁祭乐章》完整地记录了浏阳文庙丁祭的实际演奏样态，对于雅乐的解读、传承以及研究起到了巨大的作用。

参考文献／／项阳《一把解读雅乐本体的钥匙——关于邱之稑的<丁祭礼乐备考>》，载《天津音乐学院学报》2018年第2期，第89—100页。

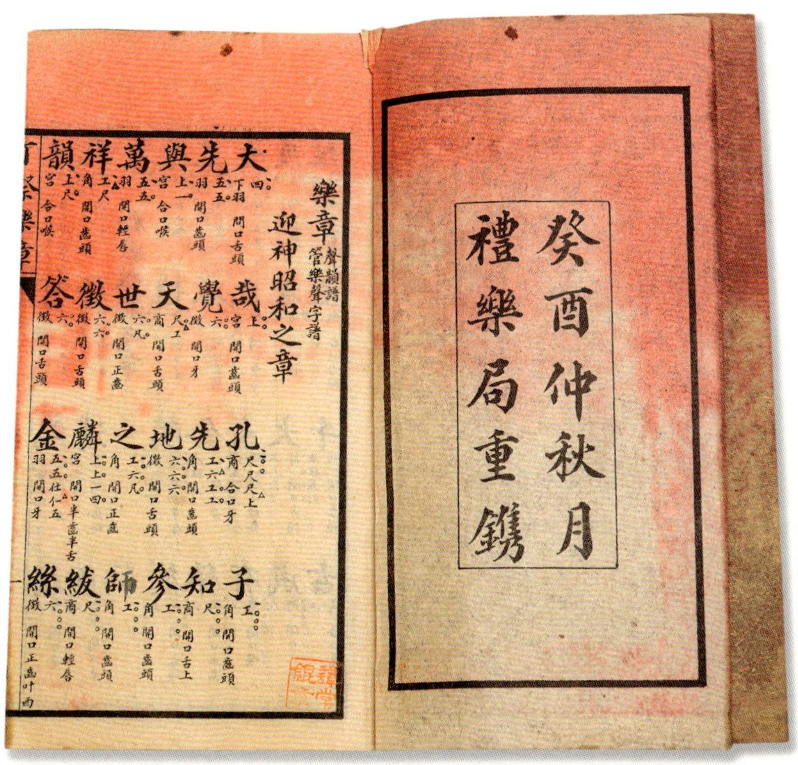

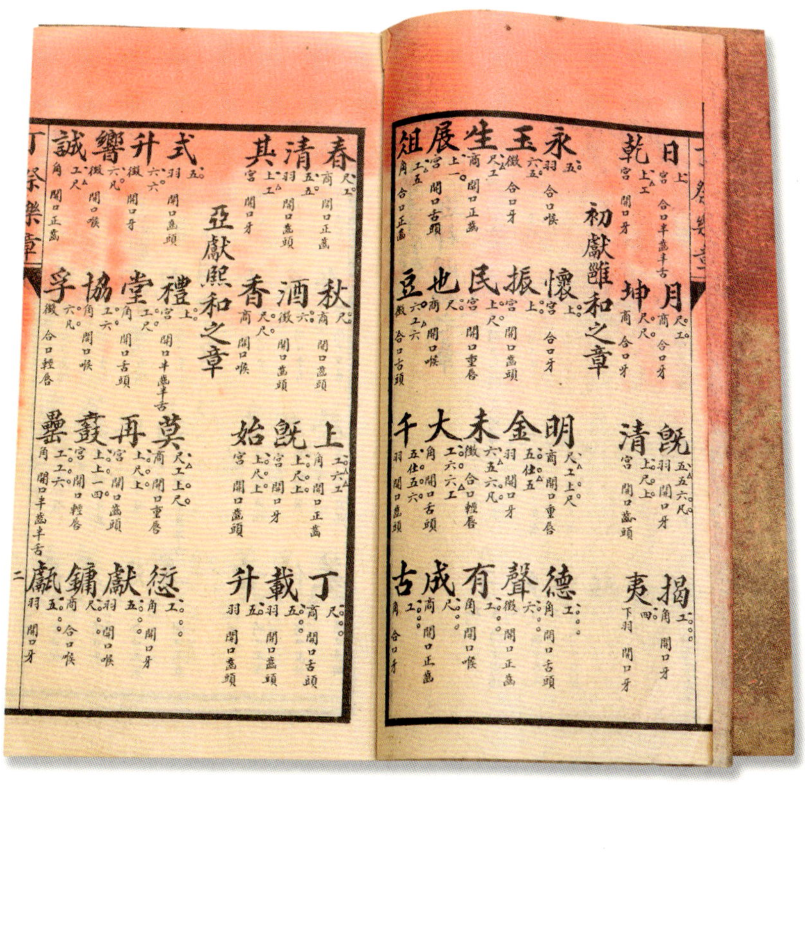

《浏阳上东义举志要》清

长 28.8 厘米，宽 18.4 厘米

现藏浏阳市档案馆

◎《浏阳上东义举志要》全书共分七卷，分别为：《图说》《缘起志》《条约志》《募资志》《产界志》《祠田志》《补遗志》，共五册，总字数约 30 万字。清光绪六年（1880），由时任上东团团总涂启先组织编撰并刊刻。

◎上东，即现在的浏阳大围山镇。清咸丰十一年（1861），东门与白沙统称为“上东”。自明清以来，浏阳上东频遭战乱，咸丰年间到民国十一年间尤甚，原有的地方保甲体系已经不能应付，由地方乡绅组织成立的，以自卫身家、防范起义、维护地方自治为宗旨的团练成为主力。在抵御外敌的过程中，东门十五个团和白沙地区五个团从各自防守到联团作战，最后合并形成浏阳“上东大团”。

◎担任上东团团总的涂启先 (1834—1900)，字舜臣，浏阳大围山人，晚年自号“大围先生”。光绪八年 (1882) 起任浏阳上东团总，长达十八年之久。光绪五年（1879），涂启先始撰《浏阳上东义举志要》。该书记录了清末四十多年浏阳上东团练在义谷、义学、义医药、恤贫育婴、捐路桥费等方面的义举之人和事。如《浏阳上东义举志要》记载为防备灾荒设立义谷，规定保证义谷的数额为三千二百三石，非紧急荒灾及军事需要不得动用。义谷的赈济出借及收入支出都要注册、禀官。

◎民国十一年（1922），上东团又刊刻《上东义举志要续编》，详细记载了涂启先任团总期间，在上东建围山书院，书中记录了一百七十八名捐款单位，共捐钱一万六千四百三十三千文。除学校外，上东还成立了“同文局”，类似现在的地方图书馆，对上东地区的教育事业起了极大的推动作用。

◎《浏阳上东义举志要》真实地记录了上东区社会动乱的原因以及对地方造成的冲击，内容涵盖地方军事、宗族组织、商业经济、文化教育等方面内容，并保存有大量上东扶危济困、热心公益、慈善乐捐的原始资料，是一本记录晚清浏阳地方自治的重要文献。

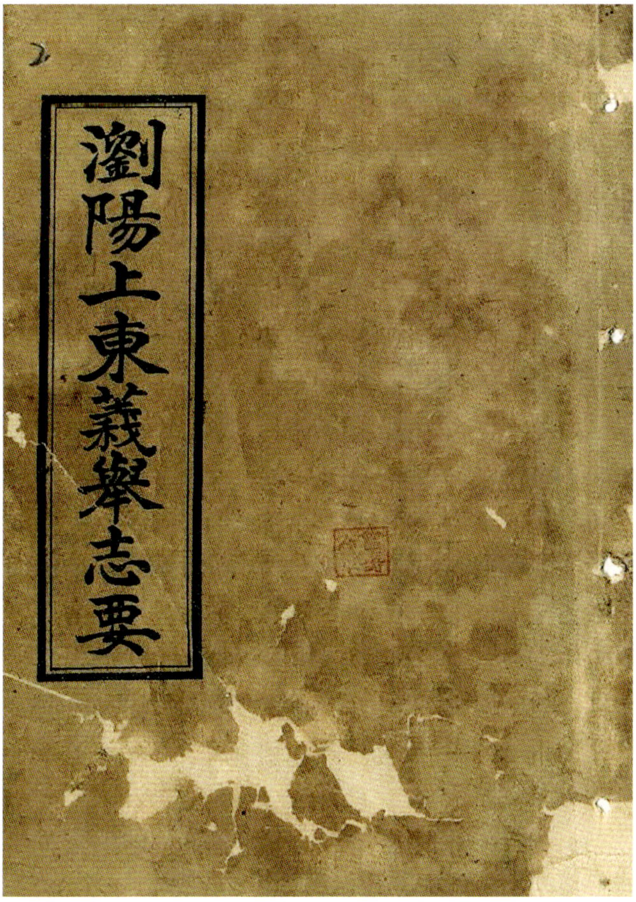
瀏陽上東義舉志要

谭嗣同致其妻李闰的信札 清

长 30.5 厘米，宽 37.5 厘米

现藏湖南省博物馆

◎谭嗣同（1865—1898），湖南浏阳人，字复生，号壮飞，是中国近代资产阶级著名的启蒙思想家，维新志士。梁启超称他为“中国为国流血第一士”。谭嗣同主张发展民族工商业，学习西方资产阶级的政治制度，公开提出废科举、兴学校、开矿藏、修铁路、办工厂、改官制等变法维新的主张。1898 年参加领导戊戌变法，失败后被杀，年仅三十三岁，为“戊戌六君子”之一。

◎李闰（1865—1925），自号“臾生”，长沙望城人。早年为中国女学会倡办董事，中国妇女报刊《女学报》的主要创办者。辛亥后曾任浏阳女子学校名誉校长。1925 年逝世于浏阳大夫第，享年六十。康有为与梁启超祝贺她六十寿辰合赠“巾帼完人”匾额。

◎这封信写于光绪二十四年五月初三（1898 年 6 月 21 日），由行草书写而成，字体如行云流水，飘逸纵横，有着极深的书法造诣。信札内容如下：

夫人如见：

正欲起程往鄂，忽然记出一件至要之事，我既保举进京，而功名保札、部照及一切公文，均未带来，兹特专人来取，请详细捡出来，并捐道员之实收，一一点清，封作一包，外加油纸，即交送信人带下，万不致误。

又，单纱、蟒袍各一件，挖云抓地虎新快靴一双，伽楠十八子香珠及镶金伽楠扳指，去年所买者各一个，天球、地球、圆扇各一柄并纸盒，香末数珠一串，好红烧料鼻烟壶二个，均请捡作一包，一同寄来为要。

我此行真出人意外，绝处逢生，皆平日虔修

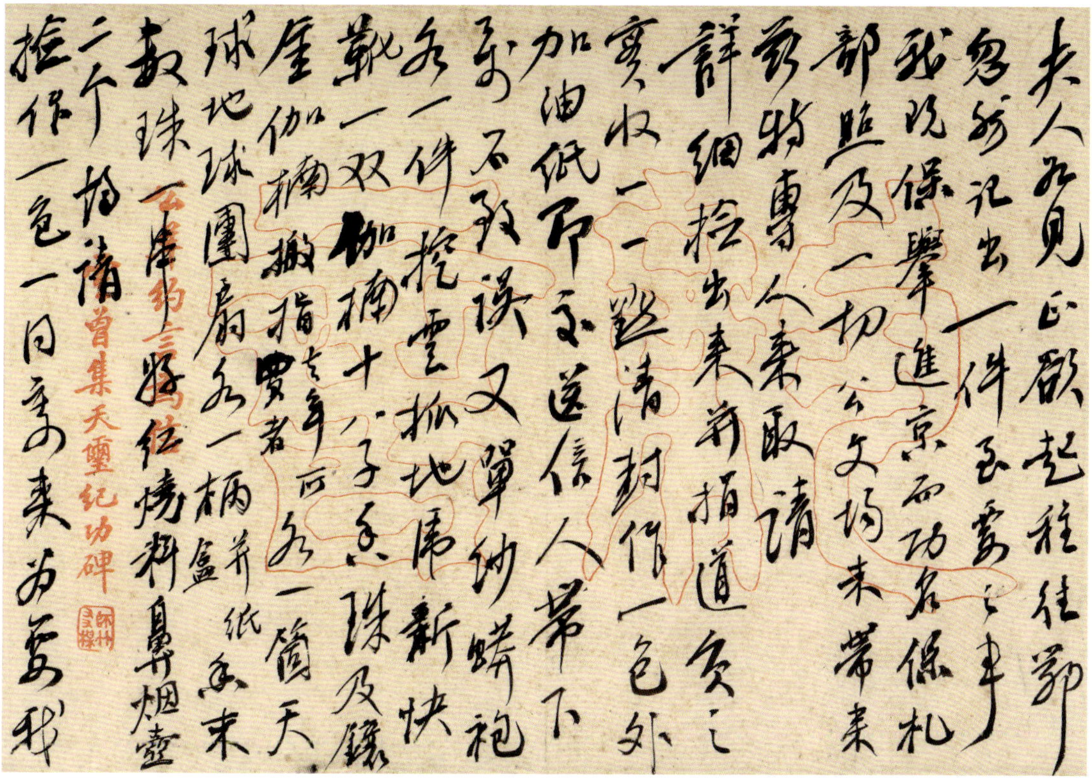

之力，故得我佛慈悲也。夫人益当自勉，视荣华如梦幻，视死辱为常事，无喜无悲，听其自然，惟必须节俭，免得人说嫌话。至要至要！二十九日信收到，诸事即照办。此请德安！

◎谭嗣同奉旨由湖北取道前往北京，途中给妻子李闰写下这封信，请她将功名保札、部照等所需公文和其他生活物品、随身把玩之物等一并寄往北京。

◎信中谭嗣同提到的随身物件，如伽楠十八子香珠、礼佛念珠物等，以及“虔修之力”“我佛慈悲”等内容，表明了他的佛家弟子身份。谭嗣同被称为“佛学彗星”，年仅三十三岁的他，开拓“应用佛学”的领域，赋予了佛学的现代精神。

◎信的最后，谭嗣同叮咛妻子李闰：“视荣华如梦幻，视死辱为常事，无喜无悲，听其自然。”表明了谭嗣同已有了为改革牺牲的准备，让她有思想准备，也有珍重与托付之意。

◎谭嗣同从离开浏阳到戊戌变法失败之前，写给妻子的信有十多封，字里行间处处是丈夫对妻子的细致关心，谆谆嘱咐，让我们看到了一个既有琴心剑胆、家国情怀，亦有儿女情长、侠骨柔肠的真实谭嗣同。

◎1956 年 10 月，湖南省文管会从长沙市南区公安分局征集到这几通信札并拨交湖南省博物馆入藏。这些信札为研究谭嗣同的佛教思想、伉俪之情提供了第一手宝贵资料，也是研究戊戌变法的重要史料。

刘善涵手迹 清

① 长 24.5 厘米，宽 7 厘米

② 长 22.8 厘米，宽 10.6 厘米

现藏浏阳市博物馆

◎此手迹一幅是刘善涵为畏寒者所开的一剂中药方："胃寒宜用生姜，挖一小孔，将砂仁一颗嵌于其内，煨热（或蒸热亦可），再将砂仁捣碎，切煨姜少许，兑开水食之"。一幅是其描写女儿刘豫璇幼时憨态的儿歌："爱听西游记，猢狲口不离。药尝三味饮，酒醉五加皮……"。两幅手迹行书浑厚强劲，字体规范流畅，结构严谨古拙，有深厚的颜体书法功底。从内容上体现刘善涵博学多才和对子女的关爱、呵护之情。

◎刘善涵（1867—1920），字淞芙（亦作松芙），湖南浏阳人，晚清维新志士。少孤，勤学，与谭嗣同、唐才常同为晚清维新志士，参与创办《湘学新报》，设立"不缠足会"，创办浏阳第一所女子学校，开女子入学读书之先。1895 年，与谭、唐在浏阳创办算学馆，创湖南新学之始。其诗文、书法俱佳，著作有经史、文集、诗词、联语等，共汇为《蛰云雷斋》15 卷。

◎受其父熏陶，小女儿刘豫璇也擅长诗词、绘画，精通英语、俄语。1994 年在浏阳离世之前，将父亲刘善涵的一些珍贵手迹交由侄儿刘世杰收藏保管。

◎刘世杰，一生钟情于绘画与收藏，其姑祖父为中国著名戏剧家欧阳予倩。早年多次将刘善涵部分手稿捐赠给湖南省博物馆。2018 年将欧阳予倩 5 件珍贵文物在欧阳予倩故居捐赠给浏阳市博物馆。2020 年 5 月 18 日，再一次将这两件珍藏了近 30 年的刘善涵手迹捐赠给浏阳市博物馆，实现了他"再珍贵的宝贝，最好的归宿也只能是博物馆"的心愿。

胃寒宜用生薑挖一小孔將砂仁一顆嵌於其內煨熟再將砂仁搗碎切煨薑少許泡水飲之惟食之過飽亦有吐乳毛病凡作也不可過餓亦不可過飽過飽則恐滯氣也

①

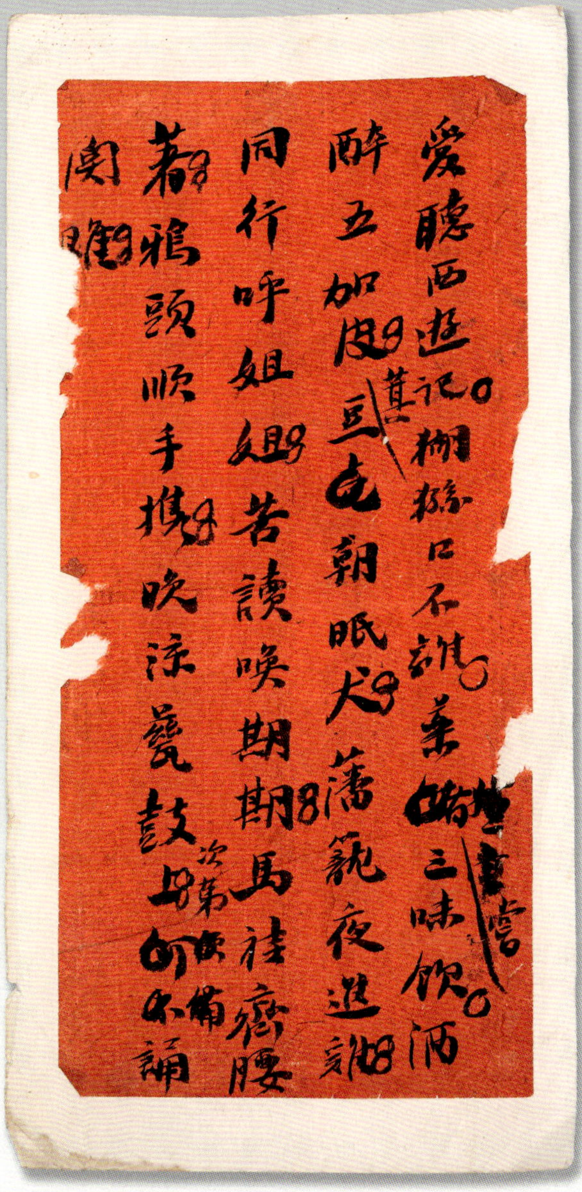

愛聽西遊記。猢猻口不讀。姜嬸三昧飲。酒醉五加皮。其豆充朝眠。犬藩熟夜遊神。同行呼姐姐。苦讀喚期期。馬褂纏腰著。鴉頭順手攜。喚涼囊鼓上。何不誦關雎。

②

刘人熙楷书条幅 清

长 125 厘米，宽 28 厘米

现藏浏阳市博物馆

◎此条幅是浏阳“三先生”之一刘人熙的书法。条幅包括正文、题款和印章三个部分。材质是罗纹洒金纸，为宣纸的一种，纸面有明显横纵细线相交的纹样，纸色淡黄，并洒以细密的金箔，制作精细。清代罗纹笺纸工艺繁复且洒饰金箔，装饰华贵，较一般的宣纸厚，不易渗水，质地细密，为清代较为盛行的纸品之一。条幅上端有些微破损。现藏浏阳市博物馆。

◎刘人熙（1844—1919），字艮生，号蔚庐，湖南浏阳枨冲人。光绪三年（1877）中进士。谭嗣同曾拜他为师。辛亥革命时期，担任湖南都督府民政司司长。民国元年（1912），刘人熙发起创立船山学社并兼首任社长。民国四年（1915），创办《船山学报》。民国五年（1916），任湖南都督兼省长。

◎条幅正文“开拓万古之心胸，推倒一时之豪杰”来源于陈同甫的《甲辰答朱元晦书》“推倒一世之智勇，开拓万古之心胸，如世俗所谓粗块大脔，饱有余而文不足者，自谓差有一日之长”。陈同甫 (1143—1194)，南宋思想家、文学家，字同甫。通过剖析条幅，挖掘其背后的故事，可以凸显刘人熙不仅学识渊博，书法功底深厚，而且品行高尚，谦虚自律。

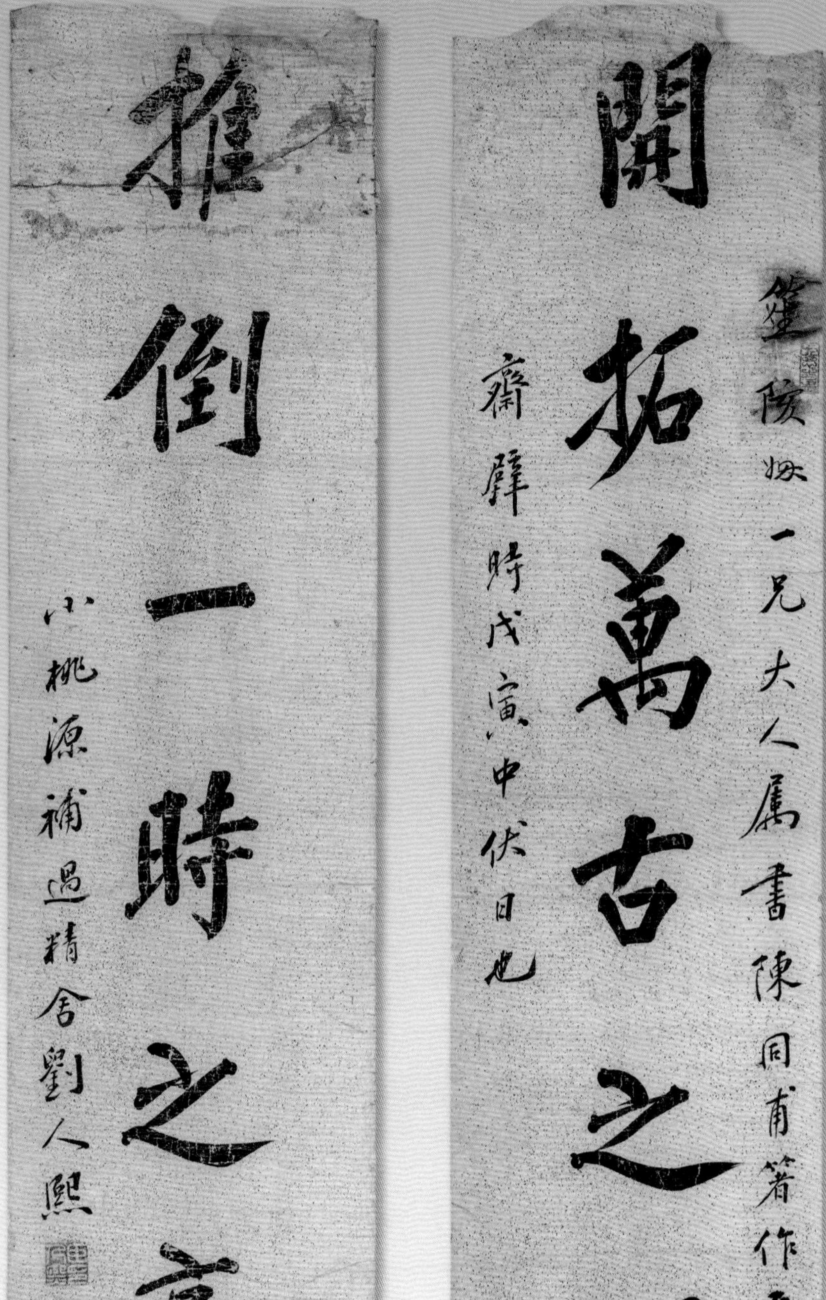
開拓萬古之心胸
篴陵姻一兄大人屬書陳同甫箸作語
推倒一時之豪傑
小桃源補過精舍劉人熙

邱公莲舫八旬寿屏 民国

长 174 厘米，宽 42 厘米

现藏浏阳市博物馆

◎这套《邱公莲舫八旬寿屏》现存 7 卷，是民国十二年（1923）浏阳籍邱莲舫 80 寿辰时，其姻亲族友 30 人联名赠送的贺寿屏。祝寿文由时任浏阳县通俗教育讲演所所长彭功枚撰文，介绍了邱莲舫的家学渊源，盛赞他敏思好学、博览群书、善诗文工篆、长著书立说以及他乐善好施的高贵品质，表达了祝寿者们对邱莲舫的美好祝福。

◎此《邱公莲舫八旬寿屏》由时任湖南第二师范校长贝允昕书写，书法苍劲清丽。贝允昕（1865—1929），字元征，浏阳人，晚晴著名维新人士，曾任浏阳文华书院和围山书院山长。早年留学日本东京法政大学，回国后与岳父刘人熙合办湖南《大公报》，倡办新学，并担任长沙律师公会会长，在湖南教育界、法律界威望极高，被誉为“校长之长，律师之师”。

◎《邱公莲舫八旬寿屏》虽有残缺，但寿屏系浏阳名人贝允昕所书，具有非常高的文学、书法方面的艺术价值。寿屏还蕴含中华孝文化、寿文化、宗族文化等多重信息，对于研究浏阳的传统文化有很高的史料价值。

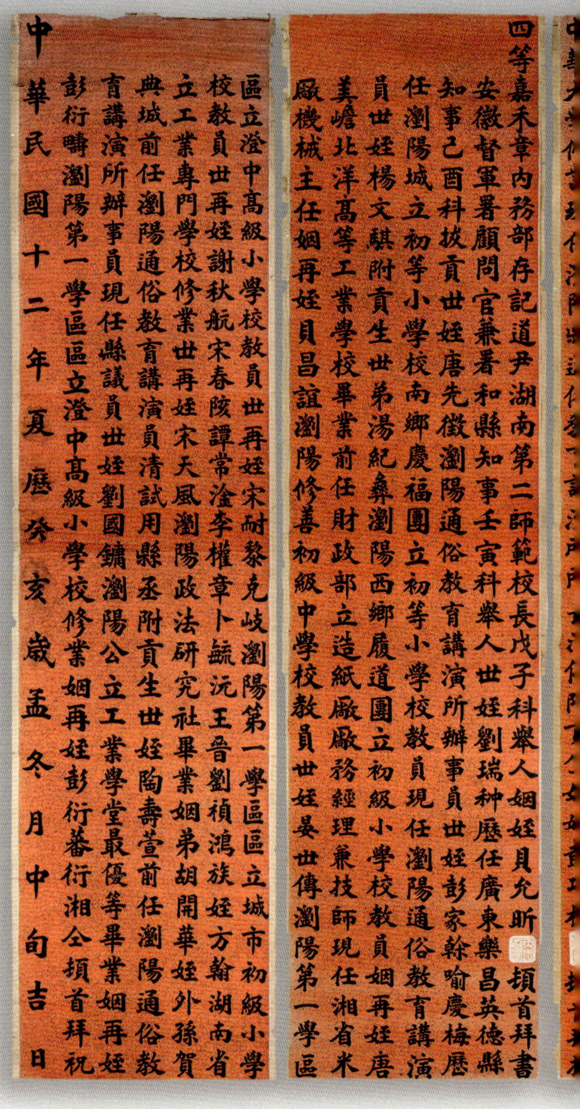

清大學生邱公蓮舫先生八旬壽序
蓋聞壽者酬也所以酬夫人之養也讀董子繁露知壽之長蓋由於養之得得所養者
不在養厥體而在養厥心前漢王吉傳心有堯舜之志則體有松喬之壽夫堯舜之道
孝弟之道也推斯道以仁民即推斯道以愛物故峻德洽於下玄德格於上宜乎多壽
之祝祝自華封得壽之徵徵諸溈汭
邱公蓮舫先生優於學而更優於養者也自幼承庭訓入黌學即立養正之基稍長業以日
勤而日精心以愈精而愈勤雪案螢窗博覽經史子集有心得輒筆記之王伯厚取論

中東軍有臺灣之役公以道遠遂賦歸來詩酒自娛盤桓松菊窮年累月閉戶著書所
著淡如詩集八卷歷代孝行彙編二卷忠孝廉節一卷春秋人名一卷春秋兵事彙編
一卷邊防要隘一卷測量算法一卷爾雅詩經山海經草木鳥獸蟲魚三卷又節錄五
種遺規女誡一卷藍鼎元女學一卷南北史撷華一卷既有益於文章經濟復有功於
世道人心公素精醫鍾泉石藥橋之靈秀療疾苦效皆神而尤神於治喉疾著有喉科
集成四卷晚更精研内經靈樞素問史記扁鵲倉公列傳節錄三卷皆壽世書也綜讀
其所述所著深求其所學所養蓋粹然融諸胸臆斯豁然露諸簡篇公失恃早

曾王母陳太安人撫育之鍾愛之太安人將壽終公侍凡三閱月跬步未嘗離既卒哭甚哀
悱惻纏綿莫可名狀昆季閒素雍睦厥弟濟美公病飲食藥餌公必親調及沒買穴以
營其葬焉其篤於親親類如此本親親以養慈祥之心地本親親以養眞摯之性天推
此及人故凡生死人而肉白骨事不勝枚舉試舉一二言之戊辰歲水災溺斃者流至
蒜洲壇卧諸塗公捐金買棺以瘞之湘省南城外雨厰坪古塚纍纍爲大豕牛羊所踐
傷荒草殘骸暴露其十七八公閔之慨然捐金又勸其
外姑王母李太淑人捐金鳩工修理且商請李公酉山派遣兵士助力督工極諸完固由彼

營文移長善官廳保護維嚴禁畜牧之蹂躪於戲公之仁澤及枯骨矣非培養於本根
之地至深且厚者能若是乎固宜乎蒼蒼者酬之以壽且酬之以福公嗣馥蓀先生本
家學淵源長詩文工篆隷雖績學早世而生丈夫子二一字蘭坡一字桂坡或士或商
事王父克敦乎孝敬桂坡子今且數齡矣季嗣寅生先生躬業懋遷胸懷誠樸子繼志
孫若曾皆克家天之所以酬公者固優也天之所以酬公者猶未艾也功枚學識卑淺
不足以贊高深然少黌交重忘年近以子妻文孫蘭坡知公言行頗悉茲屆八旬壽誕
謹述所知以爲序序其壽也序其福也序其所行所言實序其所學所養也昔孟子承

孔子道統而祖述堯舜嘗本精一危微之旨發爲養體養氣養性之言究皆歸本於養
心宋儒如周程朱張研窮性理學務底於極精極純而言性必言心言學必言養綱常
倫紀不絕於天下後世之人心恃乎此也今者世道陵夷人心陷溺曲學爭勝正教不

不足以贊高深然少裳交重忘年近以子妻文孫蘭坡知公言行頗悉茲居八旬壽誕
謹述所知以為序序其壽也序其福也序其所行所言實序其所學所養也昔孟子承

孔子道統而祖述堯舜嘗本精一危微之旨發為養體養氣養性之言究皆歸本於養
心宋儒如周程朱張研窮性理學務底於極精極純而言性必言心言學必言養綱常
倫紀不絕於天下後世之人心恃乎此也今者世道陵夷人心陷溺曲學爭勝正教不
明欲求乎學養素優心性純一如公者有幾人乎故今日之祝祝公由耋歷耄歷期頤
鶴健之躬與德功言并為四不朽則剝極必復猶幸碩果之尚存庶幾學者得所觀摩
存亡絕續之交賴老成長綿此一綫斯道學之幸也斯世道人心之幸也是為序
中華大學修業現任瀏陽縣通俗教育講演所所長清優附貢生姻姪彭功枚頓首拜撰

四等嘉禾章內務部存記道尹湖南第二師範校長戊子科舉人姻姪貝允昕頓首拜書

安徽督軍署顧問官兼署和縣知事壬寅科舉人世姪劉瑞种歷任廣東樂昌英德縣
知事己酉科拔貢世姪唐先徵瀏陽通俗教育講演所辦事員世姪彭家翰喻慶梅歷
任瀏陽城立初等小學校南鄉慶福團立初等小學校教員現任瀏陽通俗教育講演
員世姪楊文麒附貢生世弟湯紀彝瀏陽西鄉履道團立初級小學校教員姻再姪唐
美嶠北洋高等工業學校畢業前任財政部立造紙廠廠務經理兼技師現任湘省米
廠機械主任姻再姪貝昌誼瀏陽修善初級中學校教員世姪晏世傳瀏陽第一學區
區立澄中高級小學校教員世再姪宋耐黎克岐瀏陽第一學區區立城市初級小學
校教員世再姪謝秋航宋春陔譚常淦李權章卜毓沅王晉劉禎鴻族姪方翰湖南省
立工業專門學校修業世再姪宋天風瀏陽政法研究社畢業姻弟胡開華姪外孫賀
典城前任瀏陽通俗教育講演員清試用縣丞附貢生世姪陶壽萱前任瀏陽通俗教
育講演所辦事員現任縣議員世姪劉國鏞瀏陽公立工業學堂最優等畢業姻再姪
彭衍疇瀏陽第一學區區立澄中高級小學校修業姻再姪彭衍蕃衍湘仝頓首拜祝

中華民國十二年夏歷癸亥歲孟冬月中旬吉日

清大學生邱公蓮舫先生八旬壽序

蓋聞壽者酬也所以酬夫人之養也讀董子繁露知壽之長蓋由於養之得得所養者不在養厥體而在養厥心前漢王吉傳心有堯舜之志則體有松喬之壽夫堯舜之道孝弟之道也推斯道以仁民即推斯道以愛物故峻德治於下玄德格於上宜乎多壽之祝祝自華封得壽之徵徵諸溈汭

邱公蓮舫先生優於學而更優於養者也自幼承庭訓入黌學即立養正之基稍長業以勤而日精心以愈精而愈勤雪案螢窗博覽經史子集有心得輒筆記之王伯厚取論

中東軍有臺灣之役公以道遠遂賦歸來詩酒自娛盤桓松菊窮年累月閉戶著書所著淡如詩集八卷歷代孝行彙編二卷忠孝廉節一卷春秋人名一卷春秋兵事彙編一卷邊防要隘一卷測量算法一卷爾雅詩經山海經草木鳥獸蟲魚三卷又節錄五種遺規女誡一卷藍鼎元女學一卷南北史摭華一卷既有益於文章經濟復有功於世道人心公素精醫鍾泉石藥橋之靈秀療疾苦效皆神而尤神於治喉疾著有喉科集成四卷晚更精研內經靈樞素問史記扁鵲倉公列傳節錄三卷皆壽世書也綜讀其所述所著深求其所學所養蓋粹然融諸胸臆斯豁然露諸簡篇公失恃早

曾王母陳太安人撫育之鍾愛之太安人將壽終公侍凡三閱月跬步未嘗離既卒哭甚哀悱惻纏綿莫可名狀昆季間素雍睦厥弟濟美公病飲食藥餌公必親調及沒買穴以營其葬焉其篤於親親類如此本親親以養慈祥之心地本親親以養眞摯之性天推此及人故凡生死人而肉白骨事不勝枚舉試舉一二言之戊辰歲水災溺斃者流至蒜洲殭卧諸塗公捐金買棺以瘞之湘省南城外雨巖坪古塚壘壘爲犬豕牛羊所踐傷荒草殘骸暴露其十七八公閔之慨然捐金又勸其

外姑王母李太淑人捐金鳩工修理且商請李公酉山派遣兵士助力督工極諸完固由彼營文移長善官廳保護維嚴禁畜牧之蹂躪於戲公之仁澤及枯骨矣非培養於本根之地至深且厚者能若是乎固宜乎耆耇者酬之以壽且酬之以福公嗣馥蓀先生本

浏阳国学专修馆家庭通知书 民国

长 62.3 厘米，宽 26.2 厘米

现藏浏阳市博物馆

民國二十五年七月

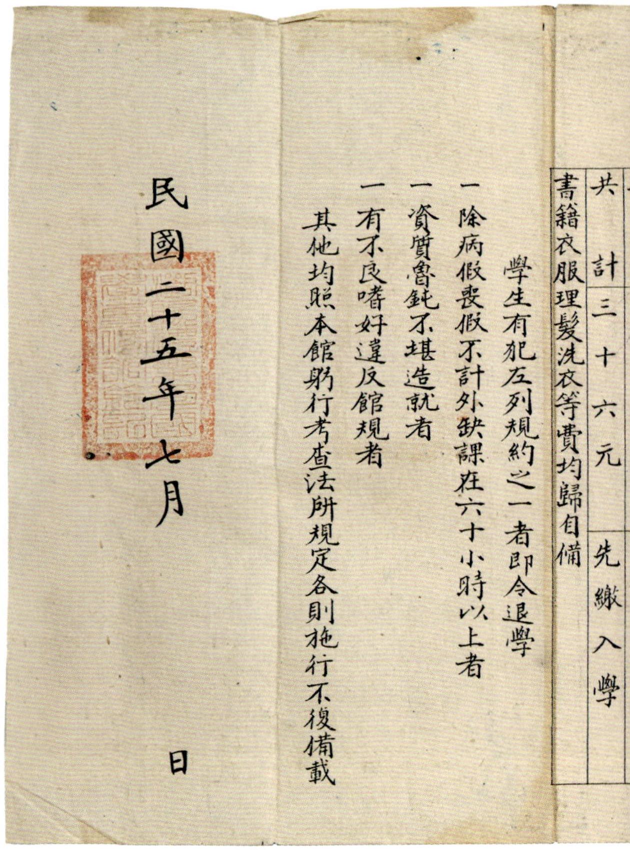
共計三十六元 先繳入學
書籍衣服理髮洗衣等費均歸自備
學生有犯左列規約之一者即令退學
一除病假喪假不計外缺課在六十小時以上者
一資質魯鈍不堪造就者
一有不良嗜好違反館規者
其他均照本館躬行考查法所規定各則施行不復備載
民國二十五年七月　日

◎ 浏阳国学专修馆家庭通知书是民国二十五年（1936）七月浏阳国学专修馆发给学生张惇五的通知书，其内容主要由四部分组成。第一部分为馆长唐先徵发布公告，通知本学期放假和开学日期，并对学生本期学习情况点评。第二部分为学生张惇五的躬行学业成绩表以及获得奖金情况。第三部分为下学期缴费明细表。第四部分是国学专修馆制定的校规等内容。通知书最后写明时间——民国二十五年（1936）七月，盖“浏阳礼乐局国学专修馆”红印章。

◎ 浏阳礼乐局是清道光年间，政府创办用于教授祭孔礼乐的专门机构，国学专修馆则隶属于浏阳礼乐局。1936 年，浏阳礼乐局的掌教唐先徵有感于“学校废衰”，欲“修废正衰，放古乐正遗旨”，于是创办国学专修馆，每年招收 16 到 20 岁的学生约六七十人入学。可见，通知书的主人张惇五是第一批入学者。国学馆学制三年，每年分上下学期，正如通知书上所示，国学馆所学全部为传统学科，包括经学、小学、理学、史学、诸子学、文学，至于数学、物理、化学、地理等现代学科

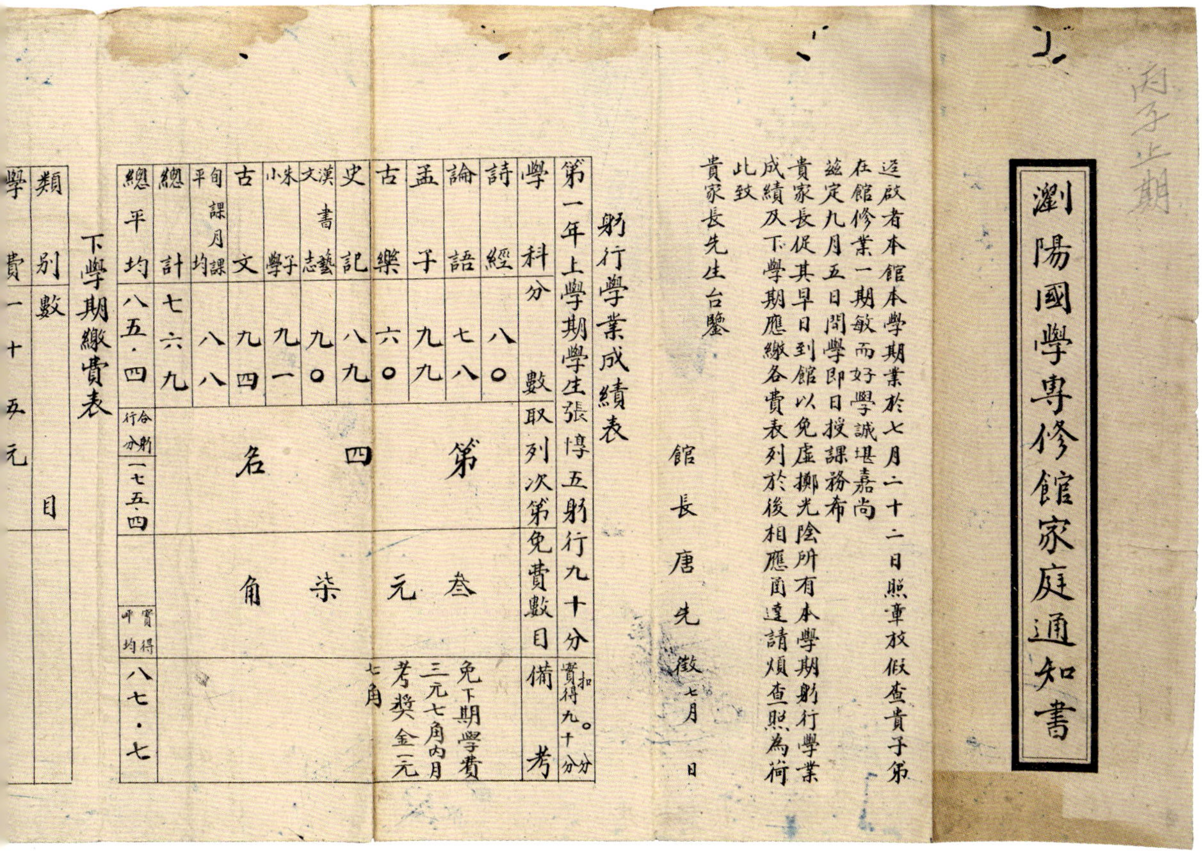

瀏陽國學專修館家庭通知書

逕啟者本館本學期業於七月二十二日照章放假查貴子弟在館修業一期敏而好學誠堪嘉尚茲定九月五日開學即日授課務希貴家長促其早日到館以免虛擲光陰所有本學期躬行學業成績及下學期應繳各費表列於後相應函達請煩查照為荷此致

貴家長先生台鑒

館長唐先徵 七月 日

躬行學業成績表

第一年上學期學生張惇五躬行九十分 扣分 實得九〇分

學科	分數	取列次第	免費數目	備考
詩經	八〇	第四名	叁元柒角	免下期學費三元七角內月考獎金一元七角
論語	七八			
孟子	九九			
古樂	六〇			
史記	八九			
漢書藝文志	九〇			
朱子小學	九一			
古文	九四			
旬課月課平均	八八			
總計	七六九			
總平均	八五·四			
躬行合分	一七五·四			
實得平均	八七·七			

下學期繳費表

類別	數目
學費	一十五元

全无涉猎。国学馆将所学内容分为必修和选修两种。必修科目由教师讲授，通过考试，三年内必须修满 80 学分；选修科目由学生自行选读，教师指导，三年内必须修满 40 学分，即三年总共修满 120 学分才能毕业。国学馆又聘请邱逸虞为乐学教习，以《律音汇考》和《丁祭礼乐备考》为教材，学习乐理和乐艺。张惇五第一学期的古乐这门课也只得了 60 分，在所有考试科目中分数最低。

◎从通知书中我们还能看到国学馆的一些治学办法。比如对学生的德行考核，躬行分数在期末考核中所占比重很大；比如奖惩补贴制度，张惇五因为考核较好，获得了 1.7 元奖励，可能国学馆还给了 2 元补贴，所以他下学期总共免掉了 3.7 元钱的学费；再比如明确的退学条律。这些规定制度均成为国学馆布道育才的严格法则。

◎浏阳礼乐局国学专修馆在 1938 年更名为浏阳礼乐传习所，直至 1944 年日寇侵占浏阳时才停止办学。

浏阳礼乐局国学专修馆教程 民国

长 18.6 厘米，宽 12.7 厘米

现藏浏阳市博物馆

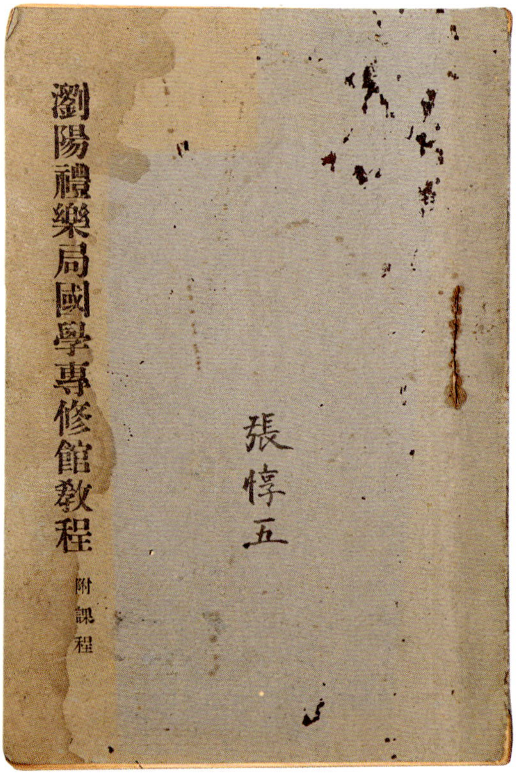

◎本教程为国学专修馆学生张惇五所有，共 16 页，分课程介绍和课程安排两部分，册页装裱，材料为毛边纸，颜色略黄。教程内页为楷书黑色小字，直行排列。课程涉猎广泛，包括经学、乐学、小学、理学、史学、诸子学以及文学，具体如《论语》《经学历史》《乐章》《史学概论》等。

◎道光二十二年（1842），邱之稑得到乡绅的捐资，兴建礼乐局作为传习乐舞的场所。民国二十五年（1936）唐先徵当掌教时，礼乐局开办了"国学馆"，并聘请邱逸虞担任乐学教师，用邱之稑所著《律音汇考》（八卷）作为教材，专门教授乐理与乐艺。

◎专修馆要求学生每十天作诗文一篇，每月终交作文一篇，期末交作文一篇。

◎国学专修馆教程不仅是浏阳礼乐局内部机构变迁的见证，更为研究浏阳礼乐局和浏阳古乐的历史发展提供了宝贵史料。

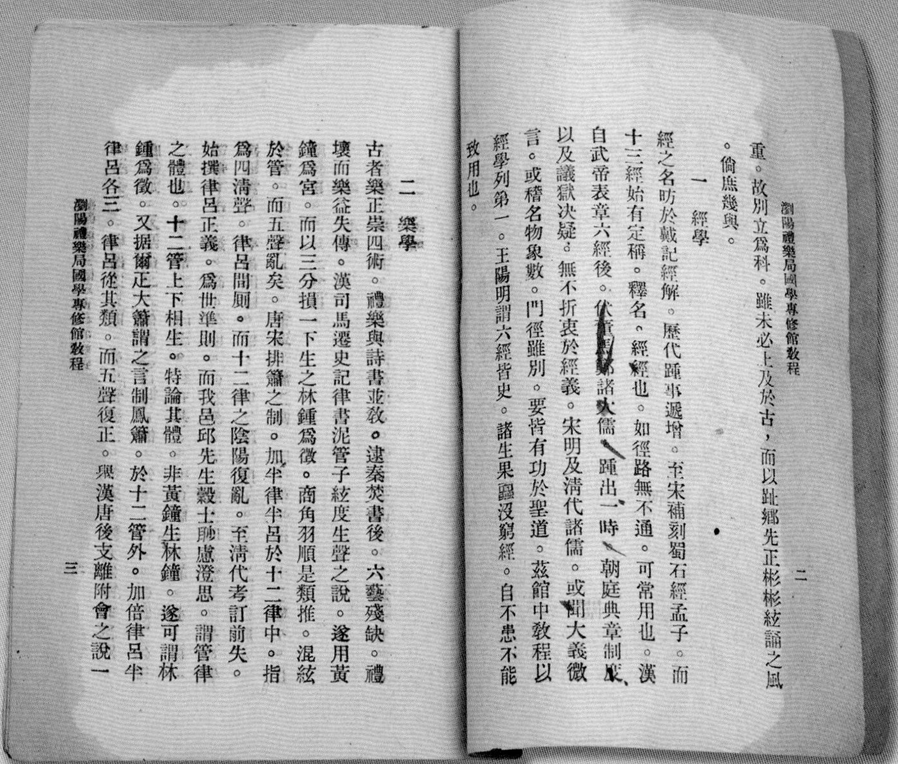

重。故別立爲科。雖未必上及於古，而以趾鄉先正彬彬紘誦之風。倘庶幾與。

一　經學

經之名昉於戴記經解。歷代踵事遞增。至宋補刻蜀石經孟子。而十三經始有定稱。釋名。經。經也。如徑路無不通。可常用也。漢自武帝表章六經後。代有馬鄭諸大儒。踵出一時。朝廷典章制度。以及議獄決疑。無不折衷於經義。宋明及清代諸儒。或闡大義微言。或稽名物象數。門徑雖別。要皆有功於聖道。茲館中教程以經學列第一。王陽明謂六經皆史。諸生果蟲没窮經。自不患不能致用也。

二　樂學

古者樂正崇四術。禮樂與詩書並教。逮秦焚書後。六藝殘缺。禮壞而樂益失傳。漢司馬遷史記律書泥管子絃度生聲之說。遂用黃鐘爲宮。而以三分損一下生之林鍾爲徵。商角羽順是類推。混絃於管。而五聲亂矣。唐宋排簫之制。加半律半呂於十二律中。指爲四清聲。律呂間厠。而十二律之陰陽復亂。至清代考訂前失。始撰律呂正義。爲世準則。而我邑邱先生穀士耼慮澄思。謂管律之體也。十二管上下相生。特論其體。非黃鐘生林鐘。遂可謂林鐘爲徵。又据爾疋大簫謂之言制鳳簫。於十二管外。加倍律呂半律呂各三。律呂從其類。而五聲復正。與漢唐後支離附會之說一

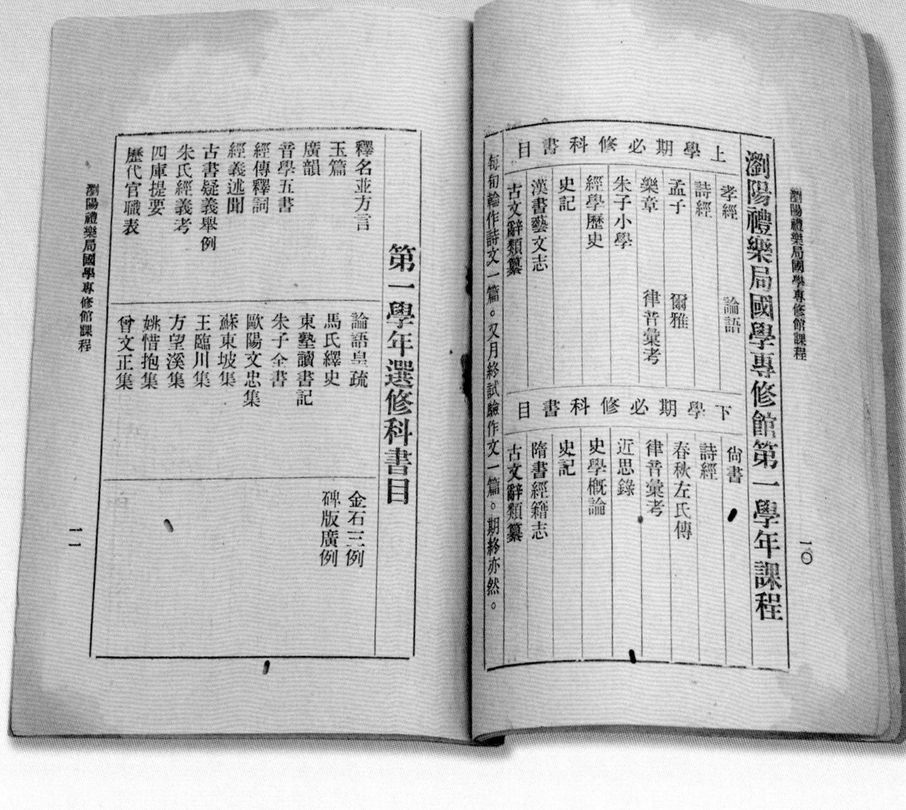

瀏陽禮樂局國學專修館第一學年課程

上學期必修科書目

孝經	論語
詩經	
孟子	爾雅
樂章	律音彙考
朱子小學	
經學歷史	
史記	
漢書藝文志	
古文辭類纂	

下學期必修科書目

尙書
詩經
春秋左氏傳
律音彙考
近思錄
史學概論
史記
隋書經籍志
古文辭類纂

每旬輪作詩文一篇。又月終試驗作文一篇。期終亦然。

第一學年選修科書目

釋名並方言
玉篇
廣韻
音學五書
經傳釋詞
經義述聞
古書疑義舉例
朱氏經義考
四庫提要
歷代官職表

論語皇疏
馬氏繹史
東塾讀書記
朱子全書
歐陽文忠集
蘇東坡集
王臨川集
方望溪集
姚惜抱集
曾文正集

金石三例
碑版廣例

浏阳纸币“私票”民国

① 浏南荆坪石牛园“曾麟记”贰角纸币
长 11 厘米，宽 5.5 厘米

② 浏阳金市庆祝爆庄光洋壹元纸币
长 14.9 厘米，宽 8.4 厘米

◎“曾麟记”纸票为横式，票正面图案、边框及文字均为墨绿色，编号及印章为红色。其中心图案为汽车，其两侧有面额“贰角”大字。中心图案上方印有商号“曾麟记”，其两侧印有编号“001393”，编号下分别斜印有地名“浏南荆坪石牛园”和“经理之章”红篆章两枚。边框上方二角印有“贰”，下方二角印有“角”字，下边框中部有“中华民国二十五年印”。

◎票背面边框及文字均为蓝色，印有文字“合成十角启者。现因政府行使法币，乡市金融异常困难，本号为谋周转起见，特发行角票一种，藉资流通。倘敢伪造，呈究不贷”。中间印有红色“湖南浏阳南乡商店宣论”印章。边框四角印有“2”“角”两字，边框底下印有“美利代印”。

◎“浏阳金市庆祝爆庄”私票，横式，票正中图案、边框及字体均为绿色，编号为红色。票中心图为面值文字图案，内印“光洋壹圆”，其两侧分别有古桥图和宝塔图。图案上首印有地名“浏阳金市”和商号名“庆祝爆庄”，其两侧印有编号“17393”；图案右侧方框为记编号处，印有“第　号”，左侧为标示发行时间处，印有“民国二十　年”。边框上方二角印有“壹”，下方二角印有“圆”，下边框中部印有“长沙永丰新街本庄照兑”的商号详细地址。

◎票背面正中图案是一只狮子脚踩地球仪，两侧为数字“1”。图案上方印有英文字母“CHING CHU PAO CHUANG”和“狮球商标”字样。边框四角印有数字“1”，边框底下印有“上海元麓印务局代印”。

◎清末和民国初期，时局多变，军阀混战，地方政权不稳，官方发行的钱票常常因为时局混乱而无法兑现，再加上当时官票的辅币不足，找零困难。全国各地社会团体、钱庄、商号、作坊、厂矿等凭借自身信誉大量发行民间钱票，以资流通，这种钱币被称为市票、私票或花票。“曾麟记”钱票就是浏阳澄潭江荆坪私人（姓曾）钱庄发行的私票；“庆祝爆庄”是由浏阳金市爆庄发行的钱票。私票虽然不属于合法货币，但是在设计和制作上却十分精美。

◎民国时期浏阳发行的私票虽多，但经过“法币政策”和战乱，私票逐渐消失，有幸保留下来的已是凤毛麟角。如今，这些私票已经成为研究浏阳地域历史文化和民营经济以及社会发展的实证资料。

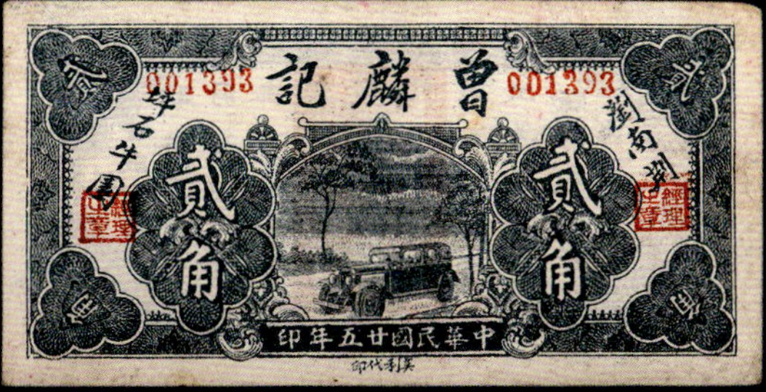
001393
曾麟記
001393
貳角
貳角
中華民國廿五年印

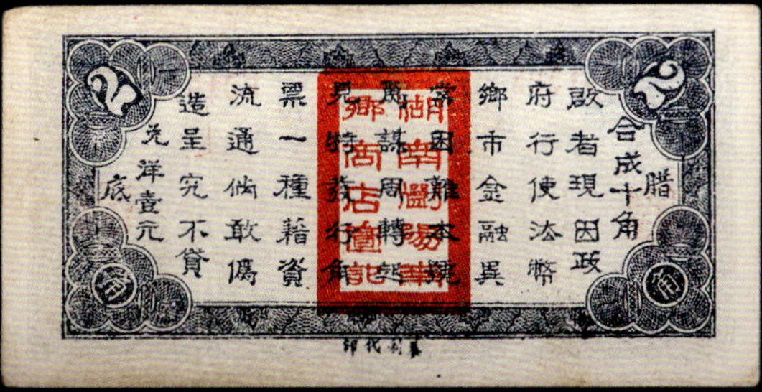
府行使法幣
鄉市金融異
票一種藉資
流通倘敢偽
造呈究不貸
合成十角

瀏陽金市
17391
慶祝爆莊
17391
民國貳拾年
光洋壹圓
第 號
長沙永湘街新本莊照兌

CHING CHU PAO CHUANG
獅球商標

浏阳易氏族谱 民国

长 30 厘米，宽 1903 厘米

浏阳市博物馆馆藏

◎此套《浏阳易氏族谱》，为线装书，纸张泛黄。封面右上方盖有红色“成字号”印鉴，左上方正楷字黑色方框中印有“浏阳易氏族谱”字样。该书为二十八卷。卷一为序、凡例、像图等。卷二为祠堂图、墓山图、契卷等。卷三为人物、科第、孝女、列传等。卷四为仪注、服制图、家规、家训等。卷五为文集、诗集等。卷六为渊源考、先代总系、派行等。卷七至卷二十八为系图、齿录。为民国三十八年（1939）浏阳易氏后人整理修撰（第六次修撰）。材质为毛边纸，全套现存 30 本，线装本，厚薄不一。

◎《浏阳易氏族谱》以易雄为第一序（世），尊为浏阳易氏始祖。易雄（257—322），字兴长，东晋著名将领。西晋太安二年 (303) 起任长沙郡主簿，后至湘州主簿、春陵令。东晋永昌元年 (322)，因王敦之乱，惨遭杀害。妻子潘氏闻讯，投浏水亡。叛乱结束，易雄与妻合葬于浏阳枨冲朱家园。晋朝追封忠靖将军，并在故居建忠愍祠春秋二祭。

◎据清光绪《浏阳乡土志 · 姓氏篇》记载：“县内姓氏迁入浏阳可查的共 173 姓，最早的是易姓。”易氏是有史料记载的迁来浏阳最古老的家族。

◎族谱，也叫家谱、宗谱、家乘、谱牒等。它是记载同宗共祖的血缘集团世系、人物和事迹等方面情况的历史图籍，它与方志、正史构成了中华民族历史大厦的三大支柱，是我国珍贵文化遗产的一部分。家谱蕴藏着大量有关人口学、社会学、经济学、历史学、民族学、教育学、人物传记以及地方史的资料，对开展学术研究有重要价值，同时对海外华人寻根认祖、增强民族凝聚力也有着重要意义。

◎浏阳市博物馆馆藏的《浏阳易氏族谱》只是浏阳众多族谱中的一个代表，对研究浏阳的历史人物和历史事件有着重要的史料价值。

瀏陽易氏族譜
弁言
瀏陽爲天下易氏發祥之地其後 重公派衍
江西 亮公派衍湖湘蔓延九宇故瀏譜竟
關天下易氏全局焉惟 重公支派限於省界
若 亮公派下湖湘苗裔棊布星羅釐然不
紊苟非溯源瀏流綱舉目張不昧同條共貫之
義乎茲準祖系廣調各房支譜嚴加核正後各
附以詳說更爲明晰乃知夫忠節之後世澤孔
長其蕃昌有自來也書曰九族既睦繹斯編者
當知篤念宗盟矣譜總系
四十六派裔孫瀏陽炳煌薰沐敬識

徐悲鸿信札 民国

长 27.7 厘米，宽 19.5 厘米，纸质

浏阳市博物馆馆藏

◎此信写于 1949 年 7 月 5 日，用“国立北平艺术专科学校”信笺纸，行书体写就。信的内容除回复了安弟的来信，叙说自己及家人的近况，还并附一则近期时事。

◎徐悲鸿（1895—1953），江苏宜兴县屺亭镇人，中国现代著名画家、美术教育家。被世人誉为“中国近代绘画之父”和“画坛伯乐”。廖静文（1923—2015），湖南浏阳人，1945 年与徐悲鸿结为夫妻。夫妻俩心系国难，相互扶持，伉俪情深。

◎这封亲笔信，笔力内聚，有“锥画沙”之效果，结体宽博、飘逸，体现了徐悲鸿“圆厚”的行书特点。

◎1949 年 7 月，人民解放军横扫国民党残余势力，新生的人民政权呼之欲出。徐悲鸿对即将到来的新国家、新政权、新生活充满了信心和希望，因此他叮嘱弟弟“以待国家之根本改善”，告诫弟弟要“尽忠职守”，反映出他对新秩序建设的热切盼望。

◎信中写道“今年我又写了一幅大油画《人民的毛主席》”，说明他在用艺术创作的方式，表达对中国共产党和人民领袖毛主席的热爱，讴歌中国共产党和毛主席领导中国人民经过艰苦卓绝的斗争而赢得革命胜利，迎接新中国的诞生。

◎按照徐悲鸿的遗愿，廖静文将他的作品 1200 余件，毕生收藏的唐、宋、元、明、清及近代著名书画家的作品 1200 余件，图书、画册、碑帖等 1 万余件，全部捐献给国家，建立徐悲鸿纪念馆，成为传播徐悲鸿的思想，弘扬徐悲鸿的精神，延续徐悲鸿的艺术生命，“一个为徐悲鸿而生，为徐悲鸿而活的女人”。

◎该信札于 2018 年 6 月 10 日，在北京廖静文故居由徐悲鸿儿子、中国人民大学徐悲鸿艺术研究院院长徐庆平先生，与徐悲鸿艺术委员会秘书长廖鸿华先生共同捐赠给浏阳市博物馆。

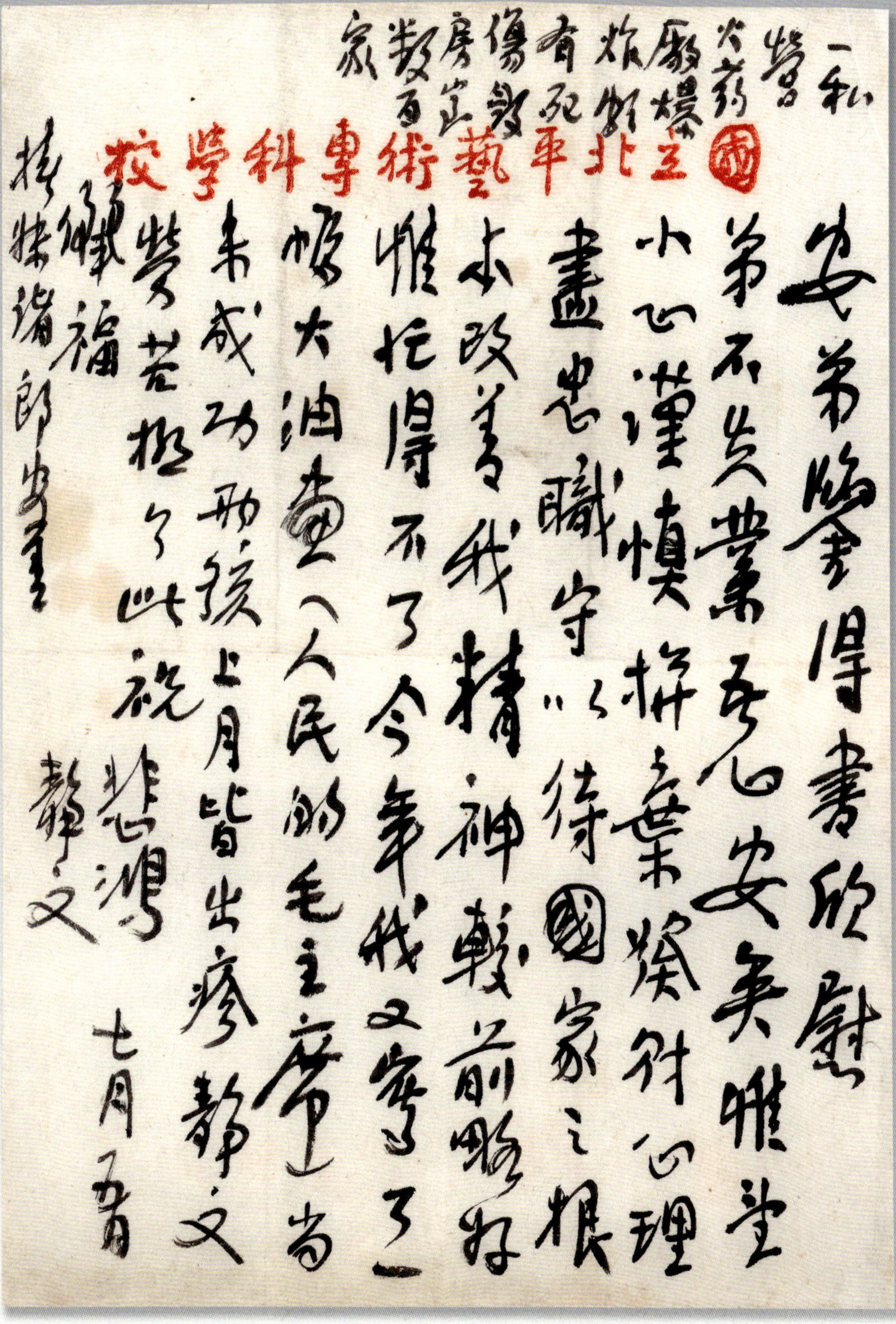

國立北平藝術專科學校

一私營火藥廠爆炸，炸傷有死傷，毀房屋數百家

安弟覽：得書欣慰。弟不失業，於心安矣。惟望小心謹慎，摒棄焦躁心理，盡忠職守，以待國家之根本改善。我精神較前略好，惟忙得不了。今年我又寫了一幅大油畫《人民的毛主席》，尚未成功。兩孩上月皆出疹，靜文勞苦極了。此祝

儷福

悲鴻 靜文 七月五日

接獲諸郎安善

靜文

金银器是以金、银为原料制作而成的器物。金银是贵重金属,硬度适中,具有延展性,易锤打成形，又有亮丽的天然色泽，且不易氧化变色，是制作工艺品的良好材料。金银器在历史文物中占有重要位置，是中国传统文化艺术的重要载体。

金银制品在商代即已出现，春秋战国时代已有金银镶嵌工艺。唐代社会经济发达，金银器也得到长足发展，当时已普遍使用了钣金、浇铸、焊接、切削、抛光、铆、镀、锤打、刻凿、镶嵌等技术，制作工艺高超、纹饰精美，体现了唐代繁荣的文化艺术和先进的科技水平。宋以后，各项工艺更加复杂精细，器形轻薄精巧、典雅秀美，并出现了金银与漆、木器合璧的产品。明清时期是我国金银器制作工艺最为繁荣和成熟的时期，这时期的金银器更趋华丽浓艳，装饰多样，图案繁缛，有的还镶嵌宝石，色彩斑斓，象征着高贵与权势。中国古代金银器是科学性与艺术性相结合的产品，将中华民族几千年来各个时代的文化内涵，展现得淋漓尽致。

金银器名贵华丽,常作为高端装饰品,如首饰、挂饰,也常见于古代富贵人家的生活用品,如碗、盘、瓶、杯等，品种多样，美轮美奂，绚丽多姿，迎合了人们对美好的追求、对财富的拥有心理，直接地反映了上流社会的审美趣味与文化倾向，也间接地引发了人们对现实生活的享受和满足。集装饰性与实用性于一身的金银器，也因其不菲的价值，独具的特质，显示出不同凡响的人文、科学、经济价值。凝聚古人匠心的金银器，经过历史的沧桑和岁月的侵蚀，至今依然有许多熠熠生辉的传世珍藏。

金银器

浏阳市博物馆收藏的金银器，上至元代，下至民国，有生活用品，如银杯等，更多的是装饰品，如银簪、金戒指、金耳环等。说明这时期金银制品在浏阳地区已广泛走进了人们的日常生活。这些金银器鲜亮炫丽，形制精巧，质量优良，备受人们青睐。特别是清代至民国时期，浏阳的金银器制作更趋繁荣，涌现出了“聚宝楼”“费文元升”“义和”“三和”“谌德华”“傅瑞丰”“孔聚华”等众多品牌，制造工艺炉火纯青，其产品高档精美，光彩夺目，富有高贵浓郁的生活气息。

梵文莲瓣纹银杯 元

直径 7.5 厘米，足径 3.6 厘米，高 3.3 厘米，重 42 克

现藏浏阳市博物馆

◎此器形制为敞口，弧腹，圈足，纯银制品，通体纹有变形莲瓣纹，杯口有银珠造型环绕一周，整个杯体线条优美舒畅，蕴含其独特风韵。

◎杯中心的梵文装饰颇具时代特点。梵文为古印度文，属佛教用语，古人相信，刻有梵文的器物，佛或菩萨就会保佑其消灾避难、吉祥如意。

◎莲瓣纹是佛教文化中的备受推崇的一种重要纹饰，莲花代表普度众生，是佛教的“四大吉花”之一。自汉代以来，莲瓣纹便广泛用于陶瓷器、铜器、雕塑等宗教器物乃至日常用品的装饰。

◎这件银杯蕴含浓厚的佛教文化色彩，制作精美，应是当时的佛教用器。

◎元代统治者崇奉并大力推行藏传佛教，不但经常举行大型的佛事活动，出资翻译雕刻佛经，而且颁令全国各地修建有关的藏传佛教寺庙。塑造藏密的有关神祇，一方面是由于统治阶级信奉的需要，另一方面是向汉族地区传播藏传佛教的需要。银杯、绘画等各类手工业制品就成为传播藏传佛教的载体之一。

立体花卉纹头空心银簪 元

长 13.7 厘米，簪头直径 2.1 厘米，重 11 克

现藏浏阳市博物馆

◎此银簪呈锥形空心结构，顶端造型为一朵盛开的鲜花，簪底雕有花茎和花叶，做工精美栩栩如生，簪体细长用来固定头发，以免髻鬟松散坠落。

◎发簪是以实用性为基础,也是文明进程的象征，有了发簪，人们不再披头散发，使得视觉更加清晰，更是自我意识的觉醒与审美的发展，乃至整个社会的文明进步。在古代，女子插簪更是长大成人的一种标志，美的展示。

六朵云纹头金簪 明

通长 12 厘米，簪头长 3.2 厘米，宽 1.5 厘米，重 10 克

现藏浏阳市博物馆

◎这件器物于 20 世纪 80 年代出土于浏阳西乡。此簪材质为金，金簪的簪头上雕有六朵云纹，工艺为镂雕。造型精致新颖，色泽透亮，故称明六朵云纹头金簪。

◎作为管束头发的饰品，簪有安发、固冠的作用，属于男女通用。簪始称为“笄”，在距今约 7000 年前的新石器时代仰韶文化中就已出现。古代，男女皆用笄，除固定发髻，还可固定冠帽。随着社会发展与文化进步，簪逐渐被赋予了美学价值，成为了一种装饰。

◎到宋、元、明时期，随着玉簪的发展普及，成为了姑妇老妪均可佩戴的发饰，其样式之多，不一而足。清朝时期，满族入主中原，要求剃发易服，男子皆不得蓄发，与汉族男性在头顶盘一个发髻并用发簪固定的习俗相冲突，自此男子用簪逐渐消失，女子的发簪则普遍流行，而且制作更显精巧。民国时期受到社会环境改变的影响，发簪被发卡等取代。当今社会引领时代潮流的饰品中出现了一些发簪饰物，成为一时的风尚。发簪之昔日风光已不复存在了，一些出土或传世的金玉发簪则成为了人们喜爱的收藏品。

宽边花卉纹银手镯 清

边宽 2.3 厘米，直径 6.7 厘米，重 39 克

现藏浏阳市博物馆

◎这件手镯以“缠枝花卉”为主装饰图案，两头有方行花纹雕饰，大宽边、开口设计，此样式使得手镯更显庄重大气，其开口式设计则更方便佩戴。

◎手镯，亦称“钏”“手环”“臂环”等，是一种戴在手腕部位的环形装饰品。其质料除了金、银、玉之外，尚有用植物藤制成者。手镯由来已久，起源于母系社会向父系社会过渡时期。

◎据有关文献记载，在古代不论男女都戴手镯，女性作为已婚的象征，男性则作为身份或工作性质的象征。手镯制作用料广泛，有动物的骨头、牙齿，以及石头、陶器、玉石、金属等。手镯的形状多为圆管状、圆环状，也有两个半圆形环拼合而成的。

◎在装饰工艺上，发展出了錾刻、模印、镶嵌等，尤其是镶嵌工艺，有镶金银、镶玉、镶宝石等。

◎到了明清乃至民国，仍以金镶嵌宝石的手镯盛行不衰。在饰品的款式造型上、工艺制作上都有了很大的发展。和耳环、项链、戒指一样，手镯作为一种首饰，被人们作为服装的配套装饰，作为艺术品来修饰自己，作为个人风格、爱好的一种装扮手段，正在被越来越多的人所接受并运用。直至今天，同样还有许多人佩戴或收藏手镯。

“费文元升”铭文弓形银簪 清

长 8.1 厘米，两端宽 1 厘米，中间宽 0.5 厘米，重 14 克

现藏浏阳市博物馆

◎此银簪呈扁弓形，两端偏粗，中间细扁，簪体刻有云朵、花草等吉祥精美的图案，内侧刻有“费文元升”字样（“费文元升”相当于现在的品牌商标）。

◎“费文元”银楼，是清朝时期上海银楼业中“九大银楼”之一。上海是我国银楼业的发祥地，在当时，上海的银楼主要经营妇女金银饰品、金银器皿和黄金销售。至 20 世纪 20、30 年代，上海银楼林立，极盛时达 400 多家。为了建立和规范上海银楼行业的信誉，杨庆和、老庆云、凤祥、裘天宝、景福、宝成、方九霞、费文元、庆福星等 9 家在上海滩信誉较好的银楼，于 1896 年在南市大东门花团街建造银楼公所，时人称其为“大同行”。这是老上海最早的银楼同业公会，也是当时上海唯一的银楼团体。既大大提高了上海银楼的声誉，也促进了金银工艺技术水平的提高。

◎银器是中国传统文化艺术的重要载体。银器在古代是贵重金属，硬度适中，具有延展性，易捶打成型，色泽明亮，是制作工艺良品的好材料。自从人类发现、认识了白银之后，就将其加工成各种银制品。在清朝时期，我国各种传统手工业生产均达到了历史的最高峰，大部分的银器造型别致，纹饰精美，极富特色，具有极高的历史价值和艺术价值。来自上海老字号“费元文升”的物品，更加珍贵。

“三和”款银簪 清

长 7.1 厘米，宽 2.8 厘米，重 13 克
现藏浏阳市博物馆

◎此银簪簪尾呈细长型，用来绾住头发，固定发髻和头型。簪头宽大饱满，底部有支撑点。簪头上刻有花草、文字、动物等图案，其造型精美，工艺精致，寓意吉祥，主要起装饰作用。簪体刻有类似商标的“三和”字样。

◎此簪工艺水平也达到了相当的高度，使用了传统的模压、锤揲、焊接、抽丝、编累、掐丝等多种技法，形成了起突、隐起、阴线、阳线、镂空等各种纹理，这使得银器无比精巧。

◎在银发簪纹饰丰富的题材中，以吉祥图案表现得最为活跃，可谓“图必有意，意必吉祥”，将吉祥文化展现得淋漓尽致。清代银发簪更是达到了传统精湛工艺与优秀文化的完美结合，成为历史上银发簪中最精美的头饰。

“谌德华”弦纹金戒指 民国

一枚边宽 1.4 厘米，一枚边宽 1.5 厘米，重约 21 克
现藏浏阳市博物馆

◎此金戒指，呈活口，外侧成螺纹状，内侧光滑，大小可调节，通体用纯金制成。此指环内部錾刻的“谌（shèn）德华”三字应是商号名称。

◎弦纹是古代陶器及金属器的装饰纹样之一。刻画出的单一的或若干道平行的线条，排列在器物的各个部位。这种纹饰出现于新石器时代。弦纹最初是作为界栏出现的，偶尔作为单一纹饰装饰器物。以弦纹装饰戒指、手镯等小件首饰，尤显素雅、简约之风。

◎戒指常作为爱情信物，从古至今都备受珍视。

“傅瑞丰”足赤金环指 民国

环指，直径均为 2.1 厘米，环指重为 17 克
现藏浏阳市博物馆

◎此金环指一共 4 枚，呈活口圆带状，大小可调节，通体用纯金制成。指环内部錾刻有“傅瑞丰足赤金”六字，“傅瑞丰”是当时的商号名称，足是“纯正”的意思，赤金代表成色、纯度较高的黄金。足赤金是我国对最高金位的黄金首饰材料的传统叫法。晚清时期，由于财力不足，宫廷造办的规模缩小，许多金器珍宝只得委托民间金店制造或购买，如“傅瑞丰”等民间金店都曾为宫中制造金银器皿。

◎戒指是一种圆带状，可戴在手指上的装饰珠宝。戒指可由女性和男性佩戴，材料可以是金属、宝石、塑料、木或骨质。中国大约在距今 4000 多年前就已有人佩戴戒指。到秦汉时期，妇女佩戴戒指已很普遍。戒指在古代多称为“指环”，从元代起才称之为“戒指”。有史以来，戒指被认为是爱情的信物。戴左手的无名指（环指）上的戒指被认为是结婚戒指。

◎除了诉说忠贞的绵绵爱意，戒指在悠长的历史中还被赋予了各式各样的功能。装饰自身或许可以被认为是戒指最为本源的功能，不论时代如何变迁，戒指对于手部的装饰永远是不会被磨灭的诉说。千百年以来，戒指，这一在人们生活历程中似乎再平常不过的饰物，却不知不觉扮演着长久而无可替代的历史角色，从未被磨灭。而且，从最初素简的一环不断进化、升华，愈发变幻多姿。

龙首纹金耳环 民国

边宽 0.5 厘米，重 3 克

现藏浏阳市博物馆

◎此耳环顶端为龙首样，呈圈型。龙首形态瞠目獠牙，震慑威严。

◎龙是传说中的神兽，百鳞之长，为祥瑞之物。早在新石器时代就已经出现了对龙的图腾崇拜。千百年来，龙在中华传统文化中地位尊崇，既代表帝王威严，又蕴含吉祥寓意，在金银器、玉器、青铜、陶器等古器物上我们都能见到龙纹。

◎耳环，古代又称珥、珰，是戴在耳朵上的饰品，它可以由金、银、翡翠、玛瑙、珍珠、象牙、琉璃、宝石等材料制成。现代人戴耳环等耳饰是一件司空见惯的事情，然而在古代，佩戴耳饰是一件牵涉极广而又复杂的事，就是规矩很多。早在元朝刑法中就记载了六品以下官员的首饰只有耳环能用珠玉，其他首饰都只能用金。圈状耳环，是一个 360 度的大圈，在中间开一个口，穿过耳洞。不管男女都可戴耳饰，特别是一些少数民族。耳饰还被赋予奇特的功效，古代最初出现耳饰的时候，人们是为了以此辟邪驱魔，保佑平安。

◎晚清民国时期江南银饰中的耳环，一般皆用金或银制成，也有镶嵌珠玉或悬挂珠玉镶成的坠饰。这一时期，耳环制作技艺达到古代的顶峰，特别是镶嵌、鎏金、錾刻、点翠、模压、烤蓝等金银器制作工艺日臻成熟，使得耳环器型虽小，却制作考究，种类繁多。

“朱定兴”兰花纹银扁簪 民国

长 12.8 厘米，两端宽 1.4 厘米，中间宽 0.8 厘米，重 25 克

现藏浏阳市博物馆

◎此银簪呈扁长形，中间窄，两头宽，末尾呈双尖状（双尖工艺在当时由于简单易用，成为了主流并一直流行至新中国成立以前），银簪内侧刻有商号名“朱定兴”字样。

◎银簪两端刻有非常精美的兰花纹式样。兰花纹是中国古典传统寓意纹样，自古以来人们把兰花视为高洁、典雅、爱国和坚贞不屈的象征；兰花纹也形成了有浓郁中华民族特色的兰文化，也寓意淡泊高雅的精神。古今名人对兰花评价极高，被喻为花中君子，也常把诗文之美喻为“兰章”，把友谊之真喻为“兰交”，把良友喻为“兰客”。

“浏阳花炮响天下，天下花炮数浏阳。”浏阳花炮历史悠久，有“鞭炮之乡”的美誉，其制作技艺最早可追溯至唐宋时期。据民国《中国实业志》记载：“湘有爆竹造制，始于唐代，发达于宋末，及逊清乾隆年间，湘东之浏阳为花炮制造之中心地。”清雍正元年（1723），浏阳花炮成为朝廷贡品。清乾隆四年（1739），花炮制作进入商品化生产阶段。到嘉庆年间，浏阳东、南、西三乡农闲时从业者达30余万人。到二十世纪三四十年代，浏阳花炮从业者约占总人口的三分之一，曰“十家九爆”。

千百年来，浏阳花炮作为中华民族传统的礼宾形式，成为融洽民族团结，密切邻邦关系，传递世界友谊的吉祥图腾，曾在中国外交史上起到了重要作用。2006年5月，浏阳花炮制作技艺成功入选首批国家级非物质文化遗产保护名录。

花炮文物

今天，作坊式的生产模式早已退出历史舞台，取而代之的是机器化、自动化、集团化的现代化生产模式。浏阳花炮已发展成为浏阳靓丽的城市名片。这些世代相承的制造用具和制作技艺是一个时代的产物，见证了浏阳花炮产业的发展壮大，更见证了浏阳人艰难创业、不断开拓、不断革新的创业精神。抚今追昔，让我们通过一件件花炮制作的实物，去品读一段花炮背后的曲折故事，感悟浏阳人民艰难的奋斗历程，领悟“自强不息，敢为人先”的精神。

鞭炮制硝水碾 清

直径不详，高度不详

现藏中国花炮文化博物馆

◎此件鞭炮制硝水碾，质地为樟木，圆形，由底座、轴轮、碾槽三个部分组成。碾槽是内圆与外圆之间形成的一道凹槽，用于盛放制硝用的原材料。水碾中间有一个由数根木制轴轮组合而成的滚轮装置，四端分别装有铁制滚轮。使用时，先将制作土硝的原材料放入碾槽，通过水车等外力带动滚轮装置，使其在凹槽内呈顺时针或逆时针转动，从而将凹槽内的材料碾压成粉末状。

◎浏阳花炮原始制作土硝过程分为造硝、碾硝。一般先取年代久远的老屋墙角以及厕所向阳一面的墙角剥落的碱土为原料，将泥土与之混合放进铁锅后熬上数个时辰，再将沉淀在锅底的硝盐捞走再熬，剩下的硝水沉淀后凝成硝块。碾硝是将熬出后颗粒很大的硝，放入以牛拉或水力驱动的碾槽中碾碎。最后，将自制的硝粉与硫磺、木炭，按照一定的比例配成火药，才进入鞭炮的具体制作。此件利用水力驱动的水碾，是清代浏阳制作花炮时用来碾碎土硝的必备工具。浏阳制作的土硝爆竹爆炸力大，爆声洪亮，爆炸后有香气，且原料易取，不易回潮，产量供不应求。据民国湖南省经济调查所丛刊《湖南之鞭爆》称：若“本地土硝供不应求渐有采用洋硝者，但为量殊少”。浏阳传统的花炮工艺共有12道流程、72道工序，通过一代代人手把手地传承下来，并得以不断改进。如今，作坊式的生产早已退出了历史舞台，浏阳花炮传统手工制作技艺和工具已被现代科技手段所取代，但原始的花炮制作工具记录着浏阳花炮不断创新、发展的历史，也承载了一代代花炮人的回忆和乡愁。

丁元记老号爆庄标签 民国

长 11.8 厘米，宽 5.6 厘米

现藏浏阳市博物馆

◎此件丁元记老号爆庄标签是由红色纸质彩印而成。标签正中间的主图是由宝鼎、嘉禾（麦穗）组成的宝鼎商标“元记”，并分别以中文标注“宝鼎商标”、以英文“MADE IN CHINA”（中国制造）表明生产地点。顶端是小字“民国十三年改用五彩招纸注册宝鼎唛为记”；其下隶书写有“货真价实”四字，再往下是一圈由蝙蝠、鲜花围饰所标明的生产厂家名称“丁元记老号”。标签下方提醒顾客：“本号开自浏阳，自造顶精全红荆鞭上等炮发行，赐顾者请认宝鼎唛招牌丁元记为记。”整签保存完好，色彩鲜艳，是一件反映民国时期浏阳花炮生产状况的重要实物史料。

◎丁元记为培德厚商号所使用的商标招牌。清道光十六年（1836），江西省金溪县竹溪村人丁玉圃携本银约 800 两来浏经商，在县城开设南货店，旧时家庭都有堂名，丁玉圃家为培德堂，故店号取名为培德厚。培德厚所经营的爆竹均采用“元记”商标，由于质优价廉、薄利多销，“元记”爆竹声名日著。为防止其他爆商冒用，培德厚在鞭炮商标上加上“丁元记老号”。“鼎”谐音“丁”，“元”是丁氏兄弟谱名。

◎随着培德厚业务日益发展，规模扩大到前所未有的境地，最鼎盛时全员达 200 人，较道光十六年（1836）初创时增加近百倍。而标有“丁元记老号”的宝鼎牌浏阳鞭炮也随之走向全国各地，扬名天下。

◎此后，由于国内战争四起，货源紧缺，浏阳鞭炮产业受到重创，从根本上撼动了培德厚的经营基础，加之企业经营管理方式未能继续革新，培德厚遣散职工、合议分家，另择新业。“丁元记老号”，一个有着百年声誉的老字号也渐渐消失在历史的硝烟中……

◎培德厚爆庄和宝鼎牌“丁元记老号”，是一个时代的产物，既见证了浏阳花炮历史的发展壮大，也反映了当年创业者艰难开拓、苦心经营的曲折过程。培德厚爆庄百年兴衰史表明：工商业的发展，要求国家有一个相对和平、安定的大环境；企业的成功，要求经营者有一种与时俱进、革旧创新的理念和精神。

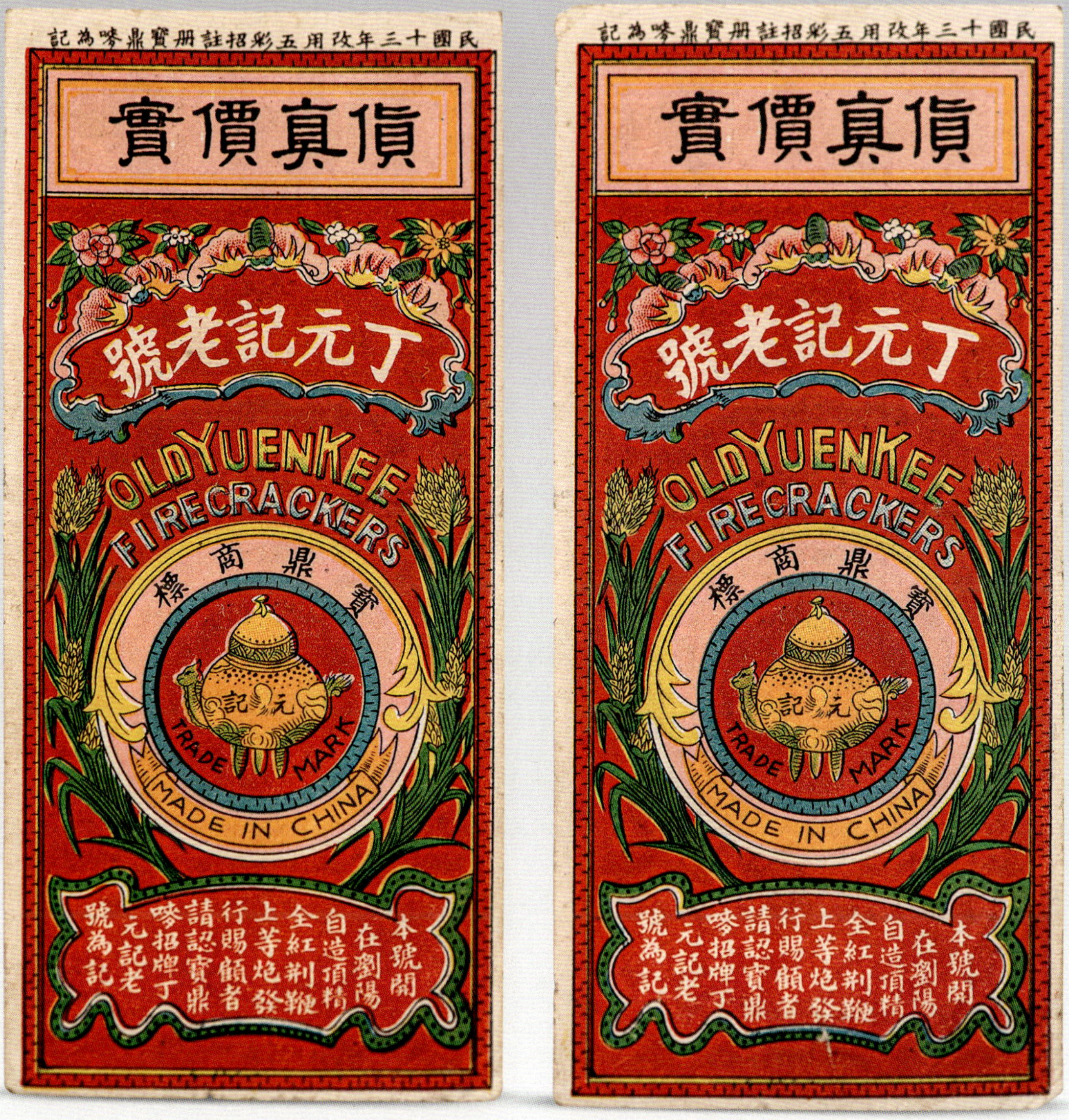
民國十三年改用五彩招註冊寶鼎嘜為記
貨真價實
丁元記老號
OLD YUEN KEE
FIRECRACKERS
寶鼎商標
元記
TRADE MARK
MADE IN CHINA
本號開在瀏陽自造頂精全紅荆鞭上等炮發行賜顧者請認寶鼎嘜招牌丁元記老號為記

“金鱼商标”鞭炮包装木雕版 民国

长 32.6 厘米，宽 5.6 厘米，厚 2.7 厘米，重 252 克
现藏浏阳市博物馆

◎该鞭炮包装木雕版，材质为樟木，长方形。板面以楷书阳文反刻，上部为“金鱼商标”，下饰以三条金鱼和两条水草纹；中部主体刻有“五千足”，上有“琢料加花”加以说明商品特色；下部刻有“浏阳金市”表明生产地点，并刻有“谦益长庄，精选名编，零售批发，物美价廉”，标明生产厂家、商品品质和经营方式等。

◎雕版印刷术起源于唐代，北宋毕昇发明活字印刷术。明清时期，浏阳爆竹的装潢与包装大多采用土生土长的雕版印刷术。这种印刷术包括木版红纸金印、墨印以及木版彩色套印。木版金印是用自制的油墨印在红纸上，再扑上铜金粉，然后用木槌锤紧，最后粘上金印，以保证光泽不会脱落。而彩色套版印刷则是用几块雕版各施一种颜色来进行套印。

◎木刻印版上的商标则是爆竹在流通中无声的推销员。商标图形一般位于花炮主展销面的突出位置。民国时期的商标多位于鞭炮包竖直构图正面的正中间或中线的偏上部位，也有位于横构图正面的正中间或偏左位置。民国时有用两种商标或两种商标图示的，一般以一种商标做主要装潢面，另一种商标叠加在前一种商标图像上。20 世纪 50 年代，沿袭以前的商标摆放位置的方法，也出现将商标置于正面四个角的某一点上。

◎该金鱼商标鞭炮包装木雕版见证了民国时期浏阳花炮产业的发展与繁荣，是研究浏阳花炮包装装潢的历史的重要实物资料。

"龙凤商标"鞭炮木刻印版 民国

长 49 厘米，宽 17 厘米，厚 2.03 厘米，重 1245 克

现藏浏阳市博物馆

◎此木刻雕版用于浏阳鞭炮的包装封面印刷，中间刻有两行大字"浏阳鞭炮""快寸壹万响"，字体左边雕刻着一条龙，足为四爪，右边雕刻一只飞翔的凤凰，龙凤呈祥，活灵活现。龙与凤的上方分别镶嵌有两块可活动的木板，龙的下方有长条形可活动的木板，后刻有"炮厂出品"四字，厂方可以根据鞭炮的情况更换商标名和花炮厂名。边框为锯齿形，上边框中部刻有"声音响亮"，下边框中部刻有"气味芬芳"，突出了浏阳鞭炮的品质。

◎现存最早的雕版印刷实物是唐代雕版印刷的《金刚经》，早在宋代雕版印刷就应用于商铺的宣传中了，浏阳鞭炮早期的包装也是依赖于雕版印刷。雕版印刷是先在纸上按所需规格书写文字或图案，反贴在刨光的木板上，刻出阳文反体字，形成雕版，接着在版上涂墨，铺纸，用棕刷刷印，然后将纸揭起，就成为印品。刻好一块雕版需要花费大量的人工和材料。

◎早期浏阳爆庄销售鞭炮，是从鞭炮作坊中收购鞭炮，再进行集中封装、销售。封装是将成挂的鞭炮用包装纸包好，再在外包装印上或贴上编爆标签，这些包装纸和标签都是由专门的作坊进行生产的。花炮包装需要使用不同的商标和厂商名，有时买方还会提供特定的标签，为了节约成本，作坊就将雕版的商标和厂商名制成活动的，可以替换使用。

◎随着现代印刷的广泛使用，木刻雕版渐渐在浏阳鞭炮中消失，保留下来的木刻雕版少之又少，通过研究这些雕版可以帮助我们更好的挖掘和整理浏阳鞭炮的历史。

万盛鞭炮行木匾 民国

尺寸不详

现藏中国花炮文化博物馆

◎此牌匾木质，黑底金字，正反两面均有“万盛鞭炮行”字样，楷书，是清代一家代销大瑶花炮的老字号。

◎鞭炮行是专门从事鞭炮运销的商行，一般设有总庄和支庄。总庄规模较大，设在浏阳城内当街门面，前店有宽大的柜台，方便收购鞭炮；后院用来封装鞭炮和存放鞭炮。支庄则设在外地的通商口岸。此“万盛鞭炮行”木匾属于支庄招牌，是从浏阳市枨冲镇一老人家中征集到的。

◎旧时浏阳花炮内销外贸主要靠水上运输，枨冲水路交通方便，来自大瑶、金刚等地的爆商在枨冲建支庄，便于水运出口。每年中秋前后，鞭炮行开始收购鞭炮，其用小推车、皮篓挑担将鞭炮运至鞭炮行总庄，经检测质量合格者封装打包好后，再由船只运往各地支庄，船经浏阳河、湘江、洞庭湖运至武汉、九江等地，再发往全国甚至世界各地。民国时期，湖北汉口是浏阳花炮销往外埠的重要集散地，全县有很多鞭炮行在汉口设有支庄，“万盛鞭炮行”即是其中之一。据县志载：“民国八年 (1919) 经汉口输往各埠的鞭炮多达十余万箱。”

◎一块普通的木匾，蕴藏了浏阳鞭炮运销的故事，值得追忆与回味。

参考文献／／潘信之：《枨冲编爆历史及有关琐事》，《火树银花——浏阳花炮文史专辑》。
／沈铁军：《浏阳爆庄》，《火树银花——浏阳花炮文史专辑》。

萬盛鞭炮行

早在原始社会，我们的祖先就开始用竹木制造器物了。因竹木纤维易腐朽，难以长时期保存，所以时代越早的竹木器越稀少。浏阳自古人文荟萃，物华天宝。在历史的长河中，浏阳人始终自强不息，敢为人先，用勤劳的双手不断创造着灿烂的文明，竹木器物的制造经久未衰。从生产农具、生活器皿到装饰家具，竹木器物遍布人们生活的每个角落。竹匠、木匠这些身怀绝技的手工艺人在浏阳民间代代相传，一直受到人们尊敬。

牌匾是中国独有的一种文化符号，是融语言、书法、雕刻、绘画于一体，集思想性、艺术性于一身的综合性艺术作品。牌匾主要以木为原料制作，作为民族文化的一种标志，在浏阳民间较普遍地被使用，常悬挂于大门或厅堂正上方。古代牌匾讲究美观和欣赏性，四周边框上雕饰各种龙凤、花卉图案，中间书写或雕刻文字，表达了人们对吉祥美好生活的追求，又具有“蓬荜生辉”的装饰点缀效果。牌匾的文字大都辞藻华美、书法精湛、言简意赅，有较强的艺术性，其内容有的反映了传统的伦理观念和道德观念，有的是对优秀品德的赞颂，有的表示励志继承先辈的光荣传统，因而大多具有积极的教育和启迪意义。牌匾文字如果为名人书写，则更是弥足珍贵，也让人引以自豪。牌匾因其所具有的历史价值、文物价值和艺术价值而成为今天我们研究民族文化发展的实物例证。

浏阳历来文风蔚然，崇尚诗书、礼仪，悬挂牌匾成为一种风俗。牌匾所蕴含的文化内涵，不仅折射出人们的价值观，也勉励着后人不断前行。浏阳保存下来的牌匾较多，这是浏阳珍贵的地方民族文化遗产，是浏阳弥久留芳的文化气息，也是浏阳注重礼仪传承的例证。

浏阳市博物馆还收藏了一枚走马楼简牍。简牍是在纸发明以前书写文字的载体，流行于战国、秦汉时期，湖南出土的简牍数量多，影响大，对于研究和补正古代历史具有重要意义。走马楼简牍出土于长沙五一广场东南侧走马楼的古井中，为三国时期吴国的官方文书。1996年进行了科学发掘，并被评为当年的全国十大考古发现之一。

中华民族的优秀文化传承数千年，不仅博大精深，而且丰富多彩。它反映了中华民族的精神追求，包含着丰富的伦理思想、道德情操、价值观念、审美品格等等，是历代相传的宝贵精神财富。浏阳人重视文化传统教育，仁、义、礼、智、信、温、良、恭、俭、让、忠、勇、孝、悌、廉等思想道德观念深入人心，尚仁重德、知礼好学、诚信守正、宽厚孝义、扶危济困的情操品格，深深地滋润着一代又一代的浏阳人，因此许多展示高尚品德、优秀文化的实物也被先辈们收藏和传袭至今。

竹木器

走马楼吴简 三国

① 释文：临湘下隽攸吴昌浏阳令长侯相□□□文□□年幾曹

尺寸不详

现藏长沙简牍博物馆

② 释文：× 佐浏阳谢香年卅一 单身

尺寸不详

现藏长沙简牍博物馆

③ 释文：私学长沙刘阳谢达，年卅一，居临湘都乡土沂丘，十一月十五日右郎中窦通举

尺寸不详

现藏长沙简牍博物馆

◎1996年，长沙市五一广场东南侧走马楼工地22号井窖中出土三国时期孙吴简牍十万余枚，被誉为20世纪中国100项重大考古发现之一。长沙吴简是三国孙吴政权长沙郡和临湘侯国(县)的地方档案，内容包括赋税、户籍、司法、钱粮出入、军民屯田、往来文书等，极大地弥补了史料的不足，对研究孙吴长沙郡及孙吴的历史具有十分重要的价值。

◎简牍大多呈灰棕色和黄褐色，上面的文字字体工整有序，隶中带楷，内容是记载三国孙吴嘉禾年间(231—237年)的临湘侯国官府档案文书。在这批吴简中，发现有30多枚简牍中出现“刘阳”字样，这是迄今发现的最早的有关浏阳的文字记载。长沙走马楼吴简的出土和研究，佐证了浏阳1800余年的置县历史。

◎图一(编号31296)走马楼吴简中，记载了一位名叫潘濬的“刘阳侯”，潘濬(？—239)，武陵汉寿(今湖南汉寿县)人，汉末三国时吴国重臣。

◎三国时，浏阳处于吴蜀交界地带，为两国争夺之地。209年，刘备领荆州牧后，任命潘濬为治中从事。211年，刘备入蜀后将潘濬留下管理荆州事务。219年，吴国吕蒙击杀关羽后，荆州落入孙权之手，潘濬投奔吴国，孙权封其辅军中郎将，后升迁为奋威将军、常迁亭侯。229年，“权称尊号，拜(潘濬)为少府，进封刘阳侯，”这是浏阳历史上第一个被赐封的侯爵。潘濬为人忠诚，处事公断，刚正不阿，一心为国。陈寿《三国志》评价：“潘濬公清割断，陆凯忠壮质直，皆节概梗梗，有大丈夫格业。”

◎长沙吴简中有大量以户为单位记载当时社会下层的平民百姓的姓名、性别、年龄、婚姻和籍贯以及纳税标准和健康状况等内容的户籍简，如图二(编号7455号)竹简就记载了一位名叫谢香的男青年，年龄31岁，家住浏阳，尚未婚配，单身等。这些简牍是了解当时浏阳的市井百态和社会原貌的第一手材料。

◎早在三国时期，社会人口就已经频繁地流动迁徙，已置县的浏阳便有人将“户口”迁往长沙。当时这种户口又有“正户”和“非正户”之分。据图三(编号2617号)吴简记录，谢达是以“非正户”迁居长沙的浏阳人。

◎三国吴简中有许多关于当时私学的文书，此木

① ② ③

牍记录了31岁的浏阳人谢达，被地方豪强“窦通”“举”为“私学”，成为了“窦通”的依附人口，迁居到临湘（今长沙市）。

◎在纸张未发明以前，简牍是中国最常用的文字载体。今天，这30余枚写有“刘阳”的竹简清晰地记录了1800年前的浏阳故事。

参考文献／／雷长巍《孙郎不识苍生泪，黎民何处觅桃源——走马楼吴简中的“户籍”简》。／熊曲：《仓廪实，社稷安——孙吴的屯田》。／袁村平：《1800年前的简牍作证浏阳置县史》。

残雷、崩霆二琴 清

①“残雷”琴

长 120 厘米，琴肩宽 18.9 厘米，琴尾宽 12 厘米

现藏北京故宫博物院

②“崩霆”琴

长 117.5 厘米，琴额宽 16 厘米，琴肩宽 18 厘米

琴尾宽 12.7 厘米

现藏湖南省博物馆

◎残雷琴，落霞式，面底皆桐木，髹退光漆，蚌徽，牛角轸足，无断纹，承露刻梅花样，焦尾刻灵芝样。琴背面龙池之上刻魏碑体琴名“残雷”，其下刻有行楷三十五字：“破天一声挥大斧，干断柯折皮骨腐，纵作良材遇已苦。遇已苦，呜咽哀鸣莽终古。谭嗣同作。”均填以石绿。诗左下方刻长方形朱文印，篆“壮飞”二字。腹款刻“霹雳琴光绪十六年浏阳谭嗣同复生甫监制”十八字。

◎崩霆琴，仲尼式，琴面、底分别为桐木、梓木，通体髹黑色漆，无断纹，蚌徽，牙轸，牛角雁足。琴背书鎏金琴名“崩霆”二字，下刻：“雷经其始，我竟其工，是皆有益于琴而无益于桐。谭嗣同作。”腹款为：“浏阳谭嗣同复生甫监制，霹雳琴第一，光绪十六年庚寅仲秋。”附有红色丝琴穗、琴囊。

◎此二琴是 1890 年，谭嗣同利用浏阳谭家宅院中被雷劈过的梧桐残干亲手监制而成。中国自古有着“凤栖梧”的传说，凤凰高贵美丽、心怀宇宙且桀骜不驯，非梧桐不栖。谭嗣同以此木制琴，寓意深刻。光绪二十四年（1898），谭嗣同应诏赴京变法，把“崩霆”琴留给妻子保管，自己携带“残雷”琴入京。后被一位叫钱君宜的人收藏，并于 1952 年捐赠给故宫博物院。

◎“崩霆”琴则一直留在其家乡浏阳，被谭氏家

①

②

崩霆琴局部

人保护。抗日战争爆发后，“崩霆”琴一度遗失。中华人民共和国成立后，谭家后人谭恒新历经波折最终找到“崩霆”琴，并上交给湖南文物管理委员会，后移交湖南省博物馆，现陈展在湖南省博物馆。

◎2018 年，在纪念谭嗣同殉难 120 周年之际，谭嗣同纪念馆多次赴故宫博物院和湖南省博物馆，查找相关数据和图片，由专业部门复制了残雷和崩霆二琴，陈列在浏阳谭嗣同故居内。

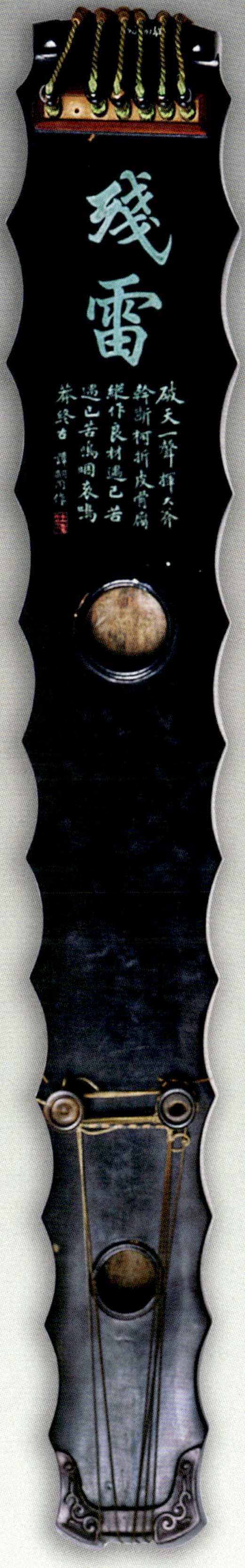

残雷琴背面

"松乔协轨"牌匾 清

通长 108.5 厘米，宽 352 厘米，厚 1.5 厘米

现藏浏阳市博物馆

◎此匾为清光绪二十三年（1897）浏阳名儒欧阳中鹄送给朋友祝龟山的七十寿匾。木匾有残损，原有漆色有剥落，裸露出木头原色，但刻字清晰可见，红底金字，中间为阳刻，题款为阴刻。

◎题文如下：

恭介敕授儒林郎祝君龟山先生双星七龤荣寿

中间四个大字为："松乔协轨"

◎诰授奉政大夫奏办浏阳筹振总局兼办振捐内阁中书历充会典馆纂修方略馆校对国史馆校对本衙门撰文加五级欧阳中鹄顿首拜题光绪二十三年丁酉季秋月谷旦大吉团众等顿首拜祝

◎匾上有欧阳中鹄两枚印章，印文较清晰，上为"臣中鹄印"，下为"节吾"。

◎"松乔协轨"，为古代庆贺男寿的用语，松乔是古代传说中仙人赤松子与王子乔二人的合称。后因作咏仙家的典故，以"松乔"咏隐士，以"松乔之寿"咏人健康长寿。协，众人同力，引申为和睦融洽。轨，车子两轮之间的距离，引申为道

路途径。

◎欧阳中鹄（1849—1911），字节吾，号瓣姜，浏阳普迹青龙头人。其知识渊博，充任过陈宝箴等名人政要的幕僚、担任过众多青年才俊的塾师，谭嗣同、唐才常就拜其门下就读。谭嗣同称其学问“实能出风入雅，振前贤未坠之绪”。甲午战败后，欧阳中鹄主张变法维新，尤其注重变科举。光绪二十一年（1895），欧阳中鹄与弟子谭嗣同、唐才常等人在浏阳文庙奎文阁创办算学社，开湖南新学之先河。

◎古人题匾，往往把自己曾经任过的官职全部写上去，以表示对对方的尊重。一块优秀的匾额中不仅可以欣赏到精彩的题词，同时在一定程度上反映了当时的政治、经济、文化等。

◎此匾于2018年征集。博物馆曾两次到龙伏镇（祝龟山老家）核实此匾的真实性，经祝氏后代完全确定无误后再征集。

“萱龄衍庆”牌匾 清

长 277 厘米，高 89 厘米，厚 6 厘米

现藏浏阳市博物馆

◎“萱龄衍庆”牌匾为髹黑漆底泥金浅浮雕，行书，长四方，边框基本完整，四边有剥漆，正中书有“萱龄衍庆”四个行楷墨底红字，用笔圆润、浑重。左右落款均为行楷小字，上款为“光绪二十五年岁次已亥谢府步升年兄大人令堂林老太君九旬志庆”，下款为“特用府升用同知直隶州大计卓异特提长沙府浏阳县正堂赠”。

◎萱，本义为萱草，是一种多年生宿根草本植物别名“金针”“忘忧草”。旧时母亲因思念远游的儿子，会在堂前种植萱草，后以“萱堂”作为母亲或母亲居室的代称。“萱龄”指母亲的年龄或生日。衍，本意水流入海，引申为富足。此匾中“衍”又通“延”，意指绵延吉庆，常用作祝颂之词。上款中提到的“年兄”是显示唐谢二人

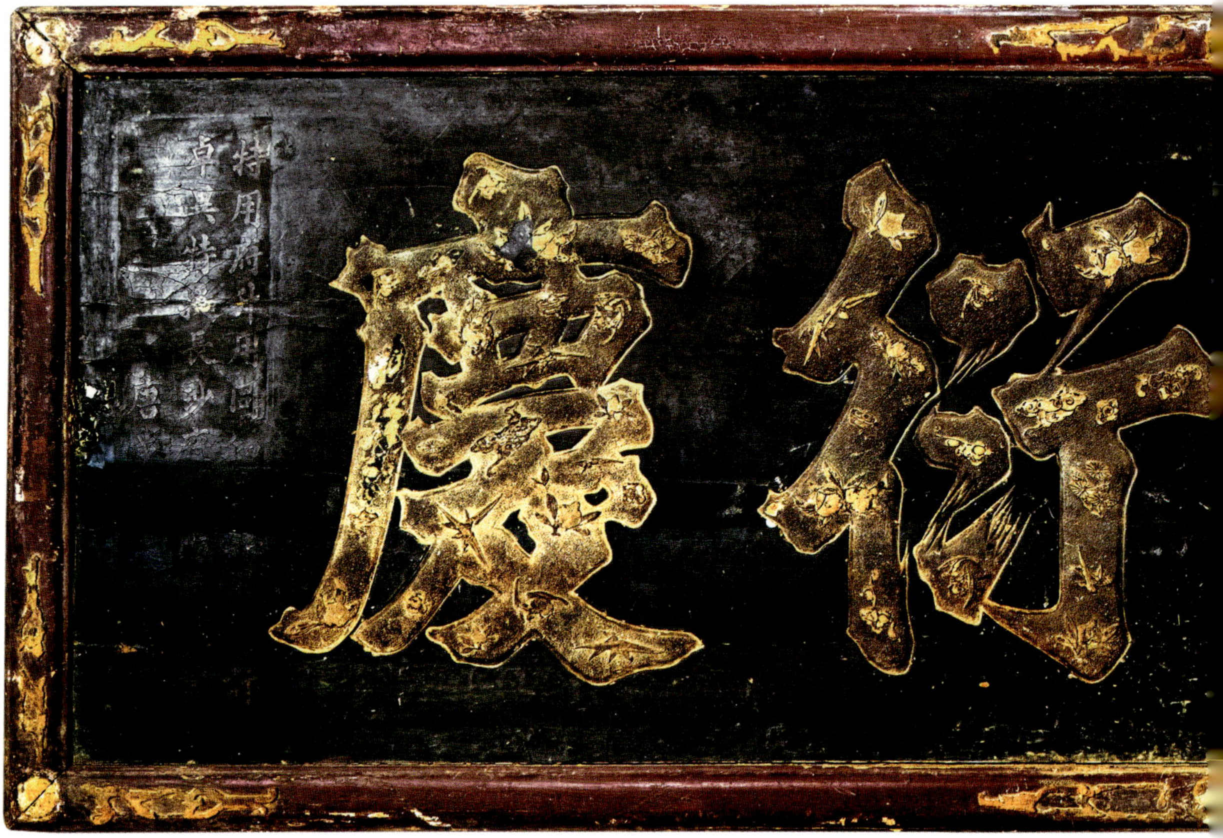

同榜登科而相互尊称。

◎匾额题赠人唐步瀛，清朝人（生卒年不详），字逢洲，四川乐山人。咸丰九年（1859）中举人，曾在浏阳、宁乡、衡阳等县任官职，擅书法。光绪二十五年（1899），时任同知直隶州、浏阳县令的唐步瀛赠送此匾给和他同年中榜的好友谢步升的母亲林老太君作为九十岁生辰的寿礼。

◎在匾额的诸多门类中，寿匾是匾额文化中引人注目的门类。按照受赠人性别不同，祝词也各有不同。除了祝福、赞美之词，寿匾内容还隐含赠受者的官职信息。如下款中的“大计卓异”是指当时一种地方官员考核制度，每三年一次，考核优秀者称为大计卓异。这是清朝政府对官员的一种奖赏级别。能获此殊荣，说明唐步瀛是一位政绩突出、很有才干的官员。

◎匾额文化不仅体现出书法、雕塑、绘画等艺术，也反映赠受双方的社会地位，文化涵盖面广，值得研究与学习。

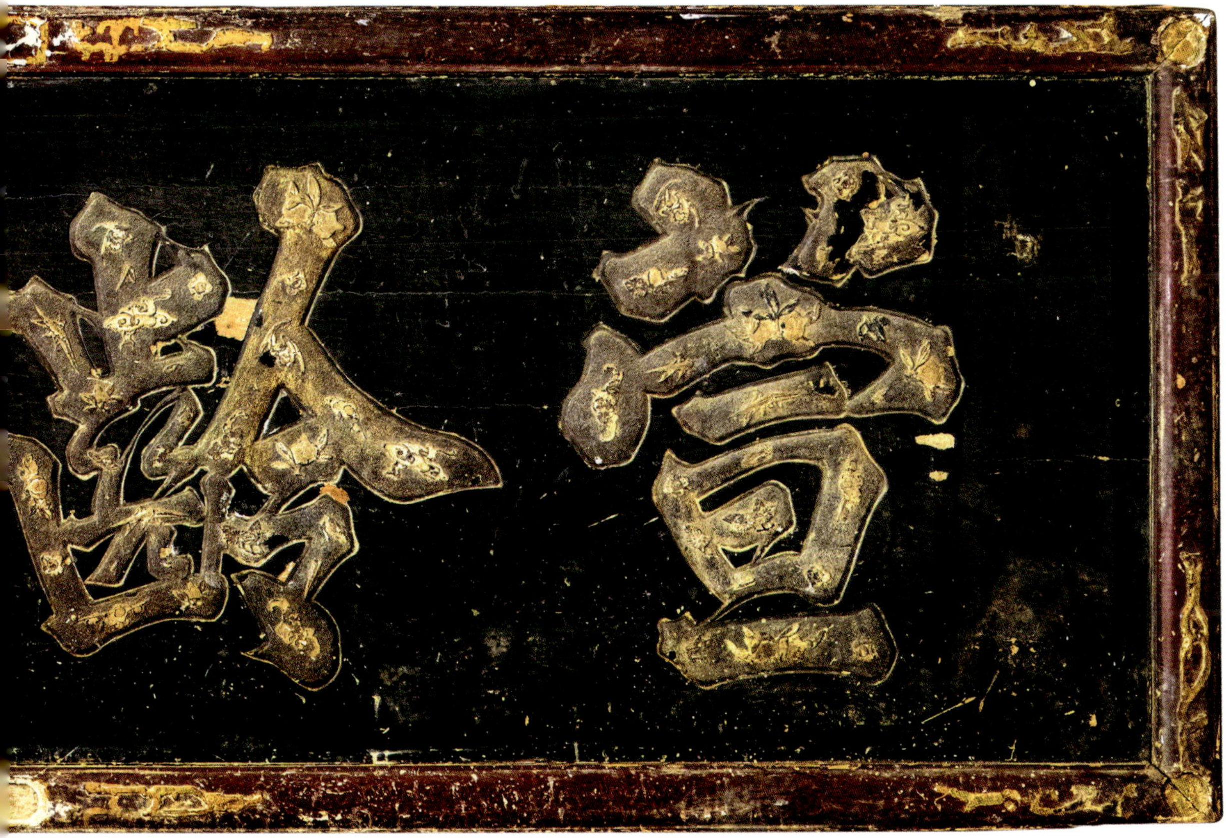

“德媲相如”牌匾 清

长 368 厘米，宽 148 厘米，厚 12 厘米

现藏浏阳市博物馆

◎此匾额悬挂于浏阳文家市镇玉泉村泉塘组的蔺氏祠堂内。匾芯和外框均为花梨木，红漆打底饰金彩云纹。正中书有“德媲相如”四个墨底红字，左右落款均为堆金正楷小字，上款为“钦命头品顶戴提督军门湘亭仁弟大人六旬寿诞”，下款为“太子太傅文华殿学士一等肃毅伯李鸿章拜题，大清光绪二十七年岁次辛丑仲春月下浣谷且”，其中李鸿章名下加盖有篆刻印章。

◎“德”即德行、品德，“媲”即媲美，“相如”是指战国时期著名的政治家、外交家蔺相如。由此可知，此匾是时任太子太傅、文华殿学士、一等肃毅伯的李鸿章亲笔撰写，送给时任提督军门的蔺湘亭的六旬寿诞贺匾。李鸿章赞誉蔺湘亭品行高洁，德才兼备，可以媲美他的先祖、一代名相蔺相如。

◎蔺相如（生卒年不详），今保定市曲阳人，战国时期赵国上卿，赵国著名的政治家、外交家。据《蔺氏族谱》记载，蔺相如共有 8 个儿子，依次为仪、范、嘉、景、从信、岱、封和冕。战国末年，其四子景公从陕西渭南迁往江西九江一

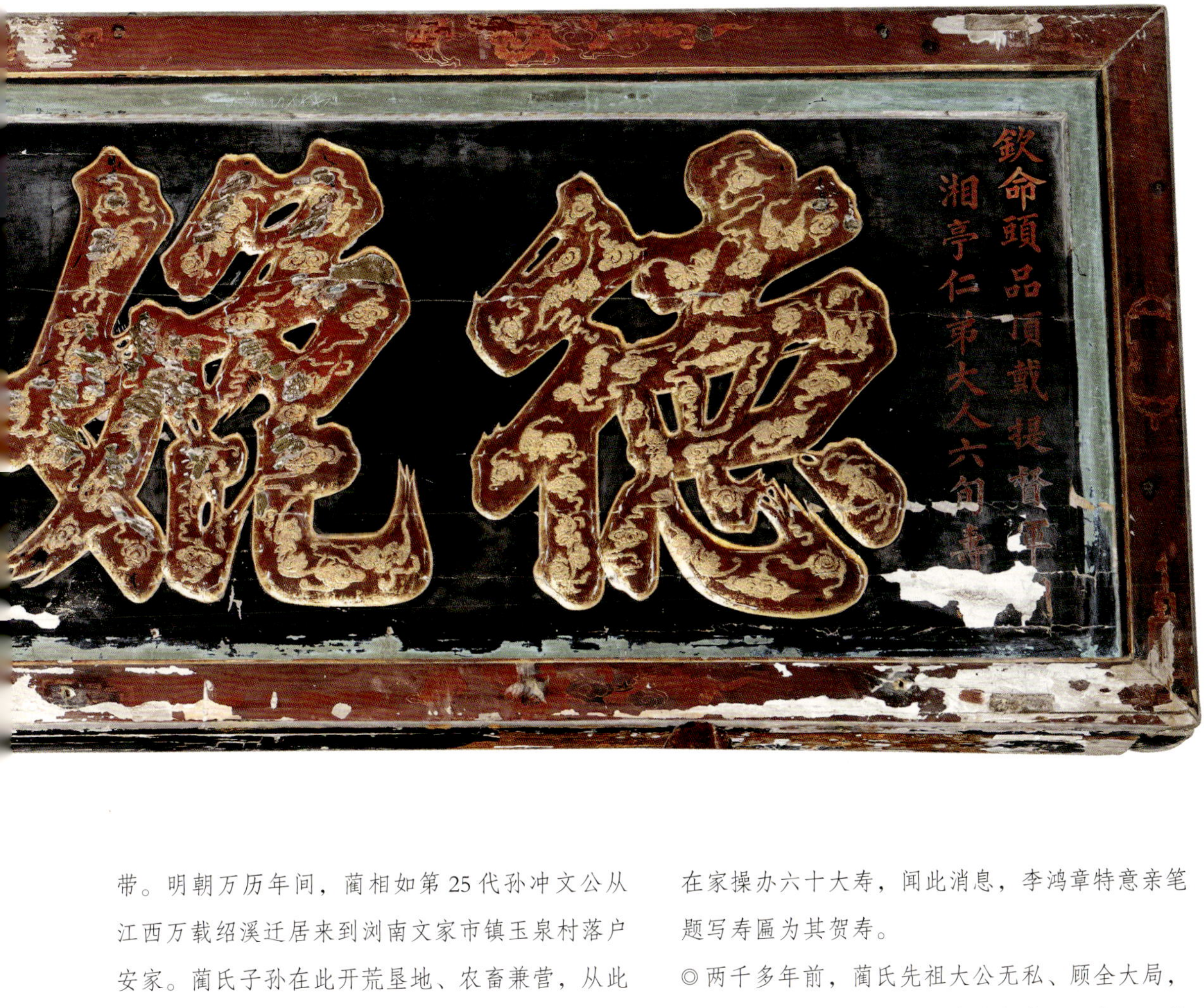

带。明朝万历年间，蔺相如第 25 代孙冲文公从江西万载绍溪迁居来到浏南文家市镇玉泉村落户安家。蔺氏子孙在此开荒垦地、农畜兼营，从此在浏阳开创了蔺氏的新基业。

◎蔺湘亭，字树钏，号湘亭，是蔺相如第 86 代孙。其生于清道光二十二年（1842），15 岁投军，因武功超群作战勇敢，屡立战功，由普通士兵逐步提升为一品顶戴提督军门。蔺湘亭为人宽厚，体恤下属，胸怀家国，在军队中德高望重，受人敬仰。光绪二十七年（1901），解甲归田的蔺湘亭在家操办六十大寿，闻此消息，李鸿章特意亲笔题写寿匾为其贺寿。

◎两千多年前，蔺氏先祖大公无私、顾全大局，成就了一段“将相和”的千古佳话；今天，蔺氏儿女依然秉承着“团结和气，孝顺耕读”的家风家训，一代代续写着和睦、向善的动人故事。

福禄寿三星竹匾 清

福匾 长 66.6 厘米，宽 12 厘米

禄匾 长 66.5 厘米，宽 11 厘米

寿匾 长 66.4 厘米，宽 11.5 厘米

现藏浏阳市博物馆

◎此物一组三件，由福匾、禄匾、寿匾构成。福星手抱小儿，象征有子“万事足”的福气。禄星身穿华贵朝服，手抱如意，象征加官进爵，增财添禄。寿星左手捧桃，右手执杖，龙头杖上悬挂一葫芦。三星脚踩闲云，面露幸福祥和的笑容。竹匾施以平面雕刻，形状为半弧形，一般悬挂于修身养性之地。

◎竹，四季常青象征着顽强的生命，其挺拔洒脱、正直清高是中国文人的人格追求，苏轼称“宁可食无肉，不可居无竹”。

◎竹雕，也称竹刻。清末著名学家、古玩收藏家赵汝珍在《古玩指南·竹刻》中这样概括：“竹刻者，刻竹也。其作品与书画同，不过以刀代笔，以竹为纸耳。”言简意赅，却颇为精妙。竹雕主要用于摆设装饰，包括屏风、挂屏、插花瓶、文具盒、茶叶筒、笔筒、楹联、餐具等。将竹子从中剖开，形成两块半弧形竹片，可以用来制作包柱的雕刻楹联，一般将字雕成阴文，填以石绿色料，悬于厅内，古色古香。有的还在半弧形竹片上雕成画面，用作建筑物的装饰部件，但多数是独立成画、雕刻较为精细。竹雕有的用漆，有的保持竹质本色；即使用漆，一般也都用浅色，或用桐油涂于表面，既有光泽，又能透出竹质纤维的脉理，以达清新淡雅的审美效果。

◎竹雕艺术源远流长，汉唐时期的竹雕处于艺术初创阶段，它的特点是注意外在的造型，器表纹饰的雕刻，基本上是单一的表现手法——线刻。宋代的竹雕已初露头角。明清时期，竹雕艺术达到了鼎盛。明代的竹雕表现出质拙浑朴的艺术风格。清代竹雕，康熙时期的沉实优雅，乾隆时期的绚丽富丽，到了清后期，作品的风格趋向平浅单一。2006 年，竹刻经国务院批准列入第一批国家级非物质文化遗产名录。

◎福 、禄、寿在民间流传为天上三吉星，赋予他们非凡的神性和独特的人格魅力，并将三星作为礼仪交往和日常生活中象征幸福、官运、长寿的祝愿，寓意美好。

“民国先觉”牌匾 民国

长 291 厘米，宽 110 厘米，厚 8 厘米

现藏谭嗣同纪念馆

◎此牌匾系松木质，泥金底黑漆，边框阳刻花木纹，四角各刻有一只蝴蝶，正中阳刻行楷“民国先觉”四个大字，右上角楷书题款“壮飞先生为戊戌政变第一完人，今则民国成立已及二年，追维往事，书以致感”；左下角楷书落款“司法总长世愚弟梁启超署”。其下篆印“梁启超印”。

◎壮飞先生即谭嗣同，湖南浏阳人，中国近代资产阶级著名的政治家、思想家，维新志士，1898年9月28日殉难。民国二年，为追怀、纪念谭烈士，浏阳谭烈士专祠建成，梁启超听闻后亲自题写并监制了此匾，派专人送到浏阳，悬挂在专祠内。

◎时任司法总长的梁启超称谭嗣同为“民国先觉”，是对谭嗣同在维新运动中所做出的贡献和对中国社会发展所产生的重大影响给予的高度概括和赞扬。此匾价值很高。

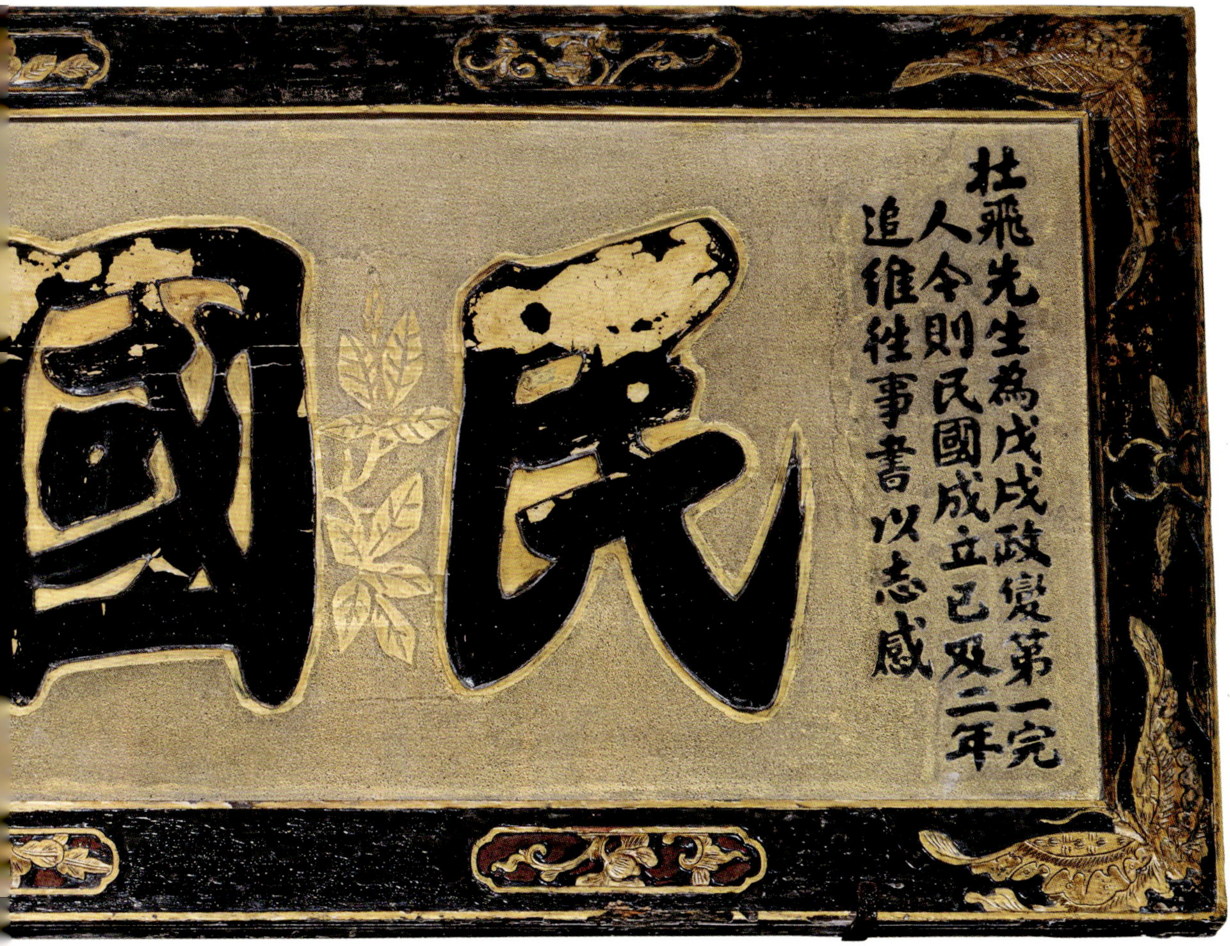

本书前文专项介绍了十类珍藏品。除此之外，编者还收集了一些其他种类的精美文物，有象牙制品、锡壶、铁钟、鼻烟壶等，合为杂件篇，供读者鉴赏。

象牙指大象上腭的两颗大牙，是一种白色硬质物体。我国商代时期便开始用象牙制作工艺品，主要有筷、杯等器物。春秋时期象牙除用于制作生活用品外，还用于制作剑鞘等。唐代象牙的雕刻工艺水平进一步发展。到了明代，我国象牙雕刻造诣很深，广泛制作各种器物。浏阳市博物馆收藏的明代朝笏油润洁白，是一件精美的象牙制品。

锡器是以锡为原料加工而成的金属工艺品。中国锡器制作始于明代早期。锡是一种有银白色光泽的低熔点的金属元素，锡金属对人体基本无害，且色泽鲜亮，质地平和柔滑。锡金属还具有良好的延展性和加工性能，经过制膜、雕花、打磨、抛光等工序，更容易制造出栩栩如生、高贵典雅的器物。清代和民国时期，浏阳民间使用锡壶较为普遍，常用作盛装酒液茶水的容器。锡虽是一种软金属，但化学性质很稳定，在常温下不易被氧化，能经常保持银闪闪的光泽，很受人们喜爱。

我国铁器制作源于西周末年，春秋战国时期开始大规模运用于生产生活中。由于铁器比青铜器质量更轻、硬度更高、质地也更为锋利，冶铁术发明后，铁器便广泛地使用于生产和战争中。战国中期以后，铁工具在农业和手工业中逐渐替代传统的铜工具，极大地提高了生产力水平。浏阳地区曾发现过较多的古代铁器遗物，但由于铁金属易氧化锈蚀，大多未能完好地保存下来。书中介绍的铁钟是清代早期的一件大型器物，制造精美，又凝聚着厚重的文化底蕴，实属难得。钟是古代的一种礼乐器，敲击时发出深沉、洪亮、悠扬的声音。浏阳地区所见的钟常悬于庙宇、学堂等庄严的场所，用于报时和举办佛事等。佛教文化在浏阳影响深远，至今仍有众多寺庙，但年代久远，拥有历史底蕴的钟并不多见。

鼻烟是一种烟草，明末清初传入中国，加工转

杂件

化成粉末后供人吸闻。鼻烟壶是盛装鼻烟的容器。由于鼻烟价昂而量少，鼻烟壶的造型便追求小巧而华美。鼻烟和鼻烟壶一度在国内流行，成为典型的奢侈品，越是精致珍贵的烟壶，越能反映出主人的身份，因此促进了鼻烟壶的制作技法不断创新，渐渐将绘画、书法、雕刻、镶嵌等工艺融于一体，鼻烟壶也发展成具有民族特色形式的工艺品。鼻烟壶形体小，可握于掌中，便于携带，也是令世界瞩目的袖珍艺术品。浏阳珍藏的鼻烟壶正是造型艺术与绘画艺术巧妙结合的典型代表，极具时代特点。

浏阳市博物馆还有很多其他种类的收藏品，碍于篇幅有限，本书未能一一收罄。这些品种繁多、多姿多彩的珍藏，让我们依稀走进了古代浏阳人丰富多彩的生活。一件件沉淀着历史底蕴的珍藏品，都能从一个个侧面勾勒古代浏阳的风土人情，让我们可以窥视到当时生产发展的水平，可以探视到浏阳历史的端倪，进而领略到前人的生活方式和思想理念，更好地传承我们民族的优秀文化。

象牙朝笏 明

长 57.8 厘米，宽 8.5 厘米
现藏浏阳市博物馆

◎此件长条式弧形象牙板，上窄而薄，下渐宽厚，光泽圆润。这件象牙朝笏于 20 世纪从浏阳市枨冲镇木平寺征集。

◎笏，亦称朝笏、手板，最早出现的年代应在春秋以前，是古代君臣在朝廷上相见时，手中所持的狭长板子，发展到后来演变成一种地位的象征。《礼记·玉藻》载，古代制作朝笏的材料十分讲究，等级极严，天子用美玉，诸侯用象牙，大夫用斑竹饰之以鲋鱼之皮，士用竹木。后世有品级的官员才可执笏，例如明朝规定四品官以上执象笏，五品官以下执木笏。从清朝开始笏板逐渐废弃不再使用。

◎关于笏板的用途和规格也有明确记载，大臣上朝时一般都事先在笏板上记录参奏的内容，以防止遗忘；朝见君王时双手执笏也可以记录君命或旨意。《礼记》中记载“笏长二尺六寸，中宽三寸”，笏板上窄下宽，除了参奏之用亦有遮口秽，以示对帝王尊敬。《礼记·玉藻》：“凡有指画于君前，用笏；造受命于君前，则书于笏。”就是挡住自己的脸，用以彰显龙威，上朝面见天子时眼睛要望着笏板，表示对天子的敬意。

“康熙二十七年”铭文铁钟 清

通高 37.3 厘米，喇叭口径为 27.2 厘米，重 9500 克

现藏浏阳市博物馆

◎此钟为浏阳北乡三十都上云兴（今浏阳市蕉溪镇蕉溪村上云片）小冲庵的报钟，口沿为平直形，钟呈喇叭状，上小下大，上置五钮悬挂，字铭为阳文。造型浑厚、古朴，壁厚均匀。由于经年累月，钟面锈蚀较重，但基本上还保持完好，钟身上的铭文仍清晰可见。“捐资造报钟一口，入于本庵，永远供奉。大清康熙廿七年仲秋谷旦。住居北乡三十都上云兴小冲庵住持僧寂心、信士胡惟贤、室人王氏一贞、陈吉生发造、法轮常转”等文字，另有一“卍”（万）字纹饰。

◎钟在佛门中具有断烦恼、长智慧、增福寿、脱轮回、成正觉的功效。在佛教中，钟不仅是寺院报时、集众的法器，而且对于促进修道有很大的功用。所以一般寺院里都会有钟鼓楼，钟在东面，鼓在西面，常有暮鼓晨钟之说。其实寺院里的钟鼓是一起敲的，早晚都是钟鼓齐鸣。另外钟鼓是寺院的号令，晓击则破长夜、警睡眠，暮击则觉昏衢、疏冥昧。

◎我国古代金属钟大致有乐钟阶段和大钟阶段。前一阶段钟的主要用途是奏乐，所以统称为乐钟。后者阶段是明、清时期主要发展了朝钟、佛钟、道钟和更钟等正圆形大钟，故称大钟的发展阶段。大钟一般分为大铜钟和大铁钟两种，大铁钟是北宋之后才慢慢出现的。

◎此件铁钟反映了古代浏阳繁荣的佛教文化。清代浏阳境内有诸多佛寺，例如石霜寺、宝盖寺、问津寺等。百姓普遍崇佛，更有不少家境殷实的人出资捐赠佛寺，制作法器。这件铁钟便是古浏阳繁盛的佛教文化一有力见证。

诗词花鸟纹温酒锡壶 清

口径 3.7 厘米，高 9.8 厘米，底径 8.5 厘米，重 457 克

现藏浏阳市博物馆

◎此壶为锡制，是清晚期一种常见锡壶，以大抱小，俗称“抱鸡母式”温酒壶。

◎此壶分内外 2 层，使用时，将热水注入外壶与内壶之间的空隙，再放入装好酒液的内壶。内外壶各有一个提梁，为了防止烫伤还会在提梁上缠绕一些藤条或布条。外壶壶身还刻有诗云“鹤在云霄冰在壶”“饭后文章酒后诗”“东园载酒西园醉”。“抱鸡母式”锡酒壶利用热水保温，比用炭火直接加热更为卫生清洁。热水可随时更换，从而得以持续保温，是清末至民国时期常见的一种饮具。

◎清代锡质饮具广泛且复杂的造作群体，既有制壶名师，也有职业群体，还有流动工匠，属于全国性的大规模自产自销的手工业行当，已经形成了以名师为中心纽带，师徒传承有序且严格的体系。清代中后期至民国，锡器的总体发展趋势既有宫廷美术的约束，也有明显民间江湖风的气质，传达了多元化的制作群体及使用群体相结合的器具理念。

六方形花卉纹提梁锡壶 清

口径 6.8 厘米，高 9.5 厘米，底径 9.7 厘米，重 901 克
现藏浏阳市博物馆

◎此件清六方形花卉纹提梁锡壶为 20 世纪 80 年代浏阳文管所于人民路的一家文物商店征集。器型线条流畅，轮廓分明，平稳庄重，壶腹六面刻有不同主题的花卉纹，方壶整体上有一种既端庄又柔和圆润的美感，具有“方中寓圆，圆中见方”的奇妙境界。这件锡壶是古人日常生活中使用的器物，常用来盛酒盛茶。

◎作为古老的金属，锡之为器，自上古而绵延至今。我国的炼锡历史，早在公元前 1200 年左右就已开始。从考古发掘的证据表明锡器的历史略晚于青铜器，但锡器却比青铜器具有更长久的生命力。各个朝代的锡器都有它的时代特征，汉代以前，统治者鼓吹“藏礼于器”，对器物造型及模制有着极为严格的规定，锡器造型几乎就是青铜器的翻版。宋元时代，锡器造型花样百出，但都离不开瓷器造型的范围。直至明代开始，由于文人的参与，锡器以紫砂器为模板，才使锡器的造型别开生面、异彩纷呈。特别是到了清代中期以后，锡器采众器之长，结合锡的金属性和民俗要求，形成了锡器自身所独有的一些造型特点，具有了自家面目。

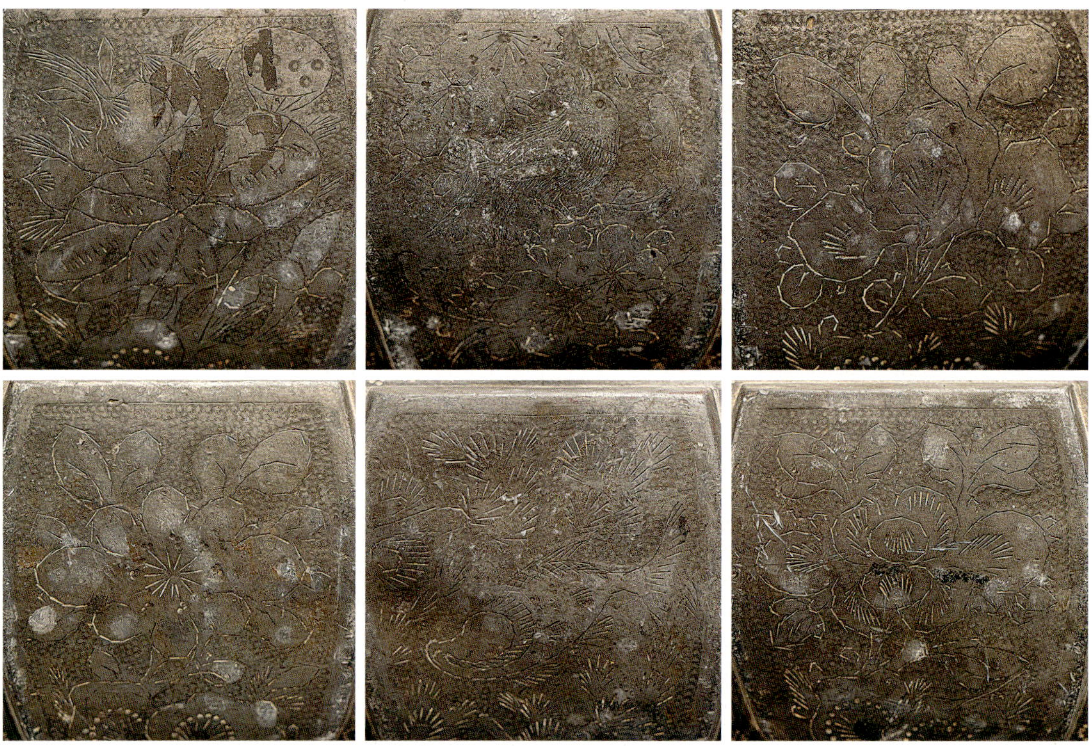

象牙镇尺 民国

长 27.6 厘米，宽 2.5 厘米，厚 0.8 厘米

现藏浏阳市博物馆

◎此件为长方条形象牙材质，坚实细密，色泽柔润泛黄。镇尺上部刻有竹叶纹饰，中部刻有篆书“凌云志”款，下刻篆书“大吉羊宜用”、楷书“汉大吉祥洗文”。

◎文房镇尺的起源比墨盒要早，古代文人喜欢把小型的青铜器、玉器、竹器等放在案头把玩，因有一定分量,在玩赏的同时往往会随手拿来压纸、压书，久而久之，便发展成为一种文房用品——镇尺。镇尺作为文房用具之一，制作前首先得挑选中意的材质，如铜、木、牙、竹等，然后再由书画家作稿，工匠刻之，在镇尺上的书画作品，其实也是书画者本人作品的袖珍化，其章法、笔法、气韵与纸上作品大致相同。

◎小小的镇尺凝聚着书画者和镌刻师的共同心血，观赏性与实用性俱佳，反映物主的生活和艺术情趣以及中国古代文人的审美观。

漢大吉
祥洗文

徐悲鸿廖静文夫妻像鼻烟壶 现代

高 8.5 厘米，底长 4.5 厘米，底宽 2 厘米，重 135 克

现藏浏阳市博物馆。

◎鼻烟壶，就是盛鼻烟的容器。小可手握，便于携带。根据史料记载，鼻烟壶于万历二十九年（1601）由意大利传教士利玛窦从欧洲带入中国。康熙三十五年（1696），朝廷设立琉璃厂，开始自创宫廷制品。嘉庆年间，鼻烟壶制作结合中国传统技艺的内画，逐步形成中国特有的传统民间工艺内画鼻烟壶，被誉为“集中各国多种工艺之大成的袖珍艺术品”。

◎这件鼻烟壶，是徐悲鸿、廖静文夫妻像的内画鼻烟壶。壶体呈四方形，直口，短颈，方形腹，方形圈足，含盖，玻璃材质，通体透明。壶身正面是一幅徐悲鸿、廖静文夫妻合影。徐悲鸿内着白色衬衣、系深色领结，外穿白色西装上衣，剑眉星目，眼神清澈。廖静文穿一件条纹上衣侧立其左，一头乌黑的短发，白皙的面庞脸浮温情，漆黑的双瞳眼含柔意，夫妻俩嘴角含笑，互倚互靠。整个画面精皴细染，色彩淡雅，栩栩如生。

◎徐悲鸿是我国现代杰出的画家和美术教育家，一生以复兴中国绘画为己任，为传统艺术的革新开拓了广阔道路，培养了大批优秀画家和美术教

育骨干，被世人誉为“中国近代绘画之父”和“画坛伯乐”。

◎廖静文，湖南浏阳人，1945年与徐悲鸿结为夫妻。夫妻俩心系国难，相互扶持，伉俪情深。1953年，徐悲鸿突发脑溢血逝世。去世后第二天，廖静文就将家里钥匙送到文化部，请求派人清点接收徐悲鸿遗作和藏画，其中包括徐悲鸿遗作1250余幅，徐悲鸿收藏的唐、宋、元、明、清和近代名家书画作品1200余幅以及珍贵图书、图片、碑帖等资料上万件，并将之全部无偿捐赠给国家。同时将她和徐悲鸿共同生活的四合院故居也一并捐给了国家，作为徐悲鸿纪念馆，自己则带着儿女住进两间堆煤的小屋中。2018年6月10日，为了支持家乡浏阳建设新馆，廖静文之子廖鸿华先生向浏阳市博物馆捐赠了百余件藏品，其中就包括这件徐悲鸿、廖静文夫妻像内画鼻烟壶。

◎内画鼻烟壶大多采用半透明材器制造，比如玻璃，高级的也有用水晶、玛瑙、翡翠等制作的。玻璃材质的内画壶由于过于光滑难以作画，匠人会用水做润滑剂，往瓶体内掺进铁砂、金砂这些具有一定硬度的东西，用摇晃的方法把壶的内壁磨成磨砂状，再将色彩敷到玻璃上并进一步作画，称为“涮里”。

◎这件内画鼻烟壶，通体透明，没有被打磨成磨砂状，而是画师用一种特制的小竹笔，从壶口伸入，倒着在瓶子里直接作画，其工艺要求更高，制作难度更大。壶身玲珑通透，画面精巧、神形兼备、创意新奇、精皴细染、色彩典雅，是内画鼻烟壶中的精品之作。

◎浏阳市博物馆还收藏有不少鼻烟壶精品。兹介绍如下。

① 民国粉彩印龙纹瓷鼻烟壶，通高6.7厘米，口径1.4厘米，重28克，直口，短颈，扁圆形腹，椭圆形圈足，缺盖。颜色亮丽，质感细腻，腹部印有龙纹。一条飞龙呈腾云驾雾之式，活灵活现。

② 清茶色玻璃鼻烟壶，通高5.4厘米，口径1.9厘米，重44克，直口，短颈，扁圆形腹，椭圆形圈足，缺盖。通体茶色无纹，折角处做圆滑过渡，器型端正，壶身不加任何雕刻，素面光洁。

③ 清青花红彩鼻烟壶，通高7.2厘米，宽3.9厘米，重35克，直口，短颈，扁圆形腹，椭圆形圈足，

缺盖。通体以白瓷为胎，壶面有青花红彩，像一个婀娜多姿的仙女在翩翩起舞。

④ 20世纪廖静文收藏的有廖静文头像鼻烟壶，通高8厘米，底长3.2厘米，底宽2厘米，重75克。直口，短颈，扁圆形腹，椭圆形圈足，含盖。腹部内画廖静文半身像。

⑤ 20世纪廖静文收藏的山水鼻烟壶，通高7厘米，底长3.1厘米，底宽2厘米，重60克。直口，短颈，扁圆形腹，椭圆形圈足，含盖。腹部内画山水图案，苍松盘根于近山至上，远处山峦高低起伏。

◎内画鼻烟壶，是中西方文化交融结合的产物，它从单纯的鼻烟容器，演变成了高贵典雅的艺术品，一度被认为是地位、身价的象征。嘉庆年间，这种满载着中国艺术元素的舶来品，还被作为国与国之间礼尚往来的珍贵礼物，充当着对外交往、传递友谊的“使者”。

◎鼻烟壶，从历史的长河中一路走来，从最初的实用器皿到后来的文化承载，已经成为镌刻着中华优秀传统文化印记的稀有珍品！

《唐氏父子遗墨》扉页

《唐氏父子遗墨》封面

补 录

刘善浤后人所藏《唐氏父子遗墨》

一 《唐氏父子遗墨》说明

这是刘珏女士发现的其先祖善浤公收藏姻亲唐氏父子遗墨。原件藏天津图书馆，题为“太公遗墨，珍重保存”。据《熊希龄遗稿5》，即《双清集》第5214页“题徐善伯所集唐佛尘兄弟遗墨”，知原件由刘善浤长婿徐良收集保存。内含唐才常致妹夫刘善浤书六通、唐才常《兴学堂论》文稿和唐父其恕、弟才中致刘善浤书各一通，末有熊希龄题诗二首。今识读后归类编校，并加标题和按语，以飨士林。

夏剑钦谨识于2018年9月

编者按：承蒙刘氏后裔刘良建先生与刘珏女士联系天津图书馆赐示照片，夏剑钦先生精心识读点校，促成唐氏父子佚文出版，在此一并致谢。

二 唐才常致妹夫刘善浤书 （六通）

（一）

唐才常致妹夫刘善浤书 1—1

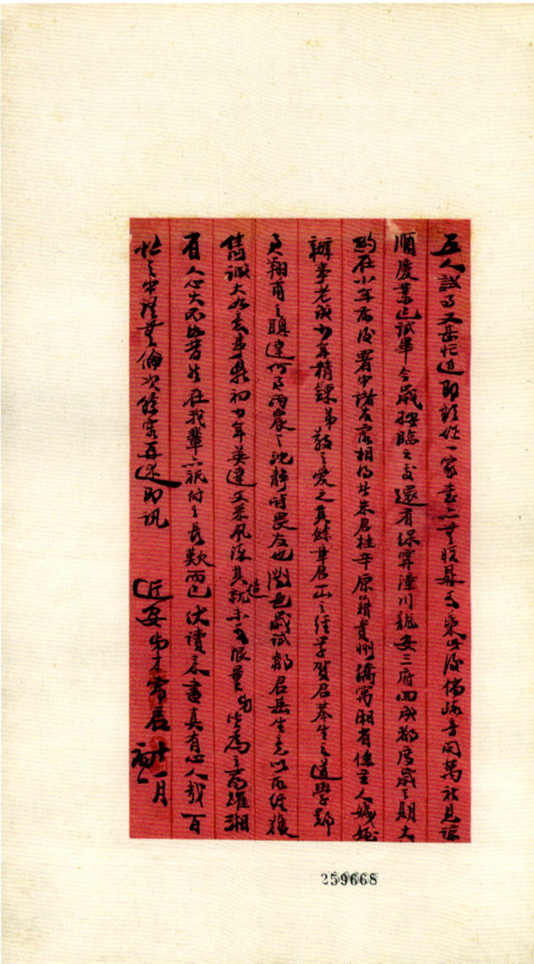

唐才常致妹夫刘善浤书 1—2

按：据唐才质编《唐才常烈士年谱》："清光绪十八年壬辰（1892），二十六岁。正月初十抵成都，入居学署，任阅卷兼教读。"至次年四月回成都，五月还湘，则此信作于光绪十八年（1892）十一月初一日（12月19日）。又据陈善伟编《唐才常年谱长编》页40引自湖南省博物馆藏唐才常未刊信稿中唐才常书于光绪十八年（1892）十一月初一日的与父书称："十月十六日接到芗渠寄来十九、二十一号家信，并次丞所书二十号信，缕悉壹是。"则知唐才常十月十六日接收刘善浤来信后，于十一月初一日同时给其父与妹夫刘善浤各书一信，内容亦有大体相同者。

释文

湘渠妹丈大人如握：

久不见，怅何如也。弟于九月十六在成都学署，接主人促弟赴绥府襄阅试卷之电，即于十六起早，廿七日抵绥定府，十月十六试毕。十七起马，廿二日抵顺庆涂次，接读惠函，并家大人弟拾玖号及贰拾壹号手谕，又舍弟次丞贰拾号家书，亦于涂次接到。披阅之下，天伦乐趣及戚友真情如通謦欬，游子天涯正复忘象忘言者。惟自出棚以来，学植愈以荒落，字迹愈以舛劣，梦魂生恧，清夜难安，如何如何！遥想妹丈再召廿三哥晨夕磨炼，风雨观摩，不啻天上神仙，所谓“五夜飕飗枕前觉，一年形状镜中来”，弟之谓矣。

幕中阅卷祇五人，试事又甚忙迫，即欲作一家书，亦无暇晷可乘，此后倘疏音问，万祈见谅。顺庆业已试毕，今岁按临之处，还有保宁、潼川、龙安三府。回成都度岁之期，大约在小年落后。

署中诸友最相得者，朱君桂辛，原籍贵州，侨寓湘省，系主人姨侄，办事老成，少年精炼，弟敬之爱之。其馀章君一山之经学，贺君莑生之道学，郑君翔甫之聪达，何君丙农之沉静，皆畏友也。浏邑岁试，邹君岳生竟以取经获隽，诚大如意事，鼎初少年英达，文采风流，其造就未可限量，弟皆为之喜跃。湘省人心大不如昔，然在我辈亦祇付之长叹而已。

伏读来书，真有心人哉！百忙之中，语无伦次，馀容再述。即讯

近安！

弟才常启 十一月初一

（二）

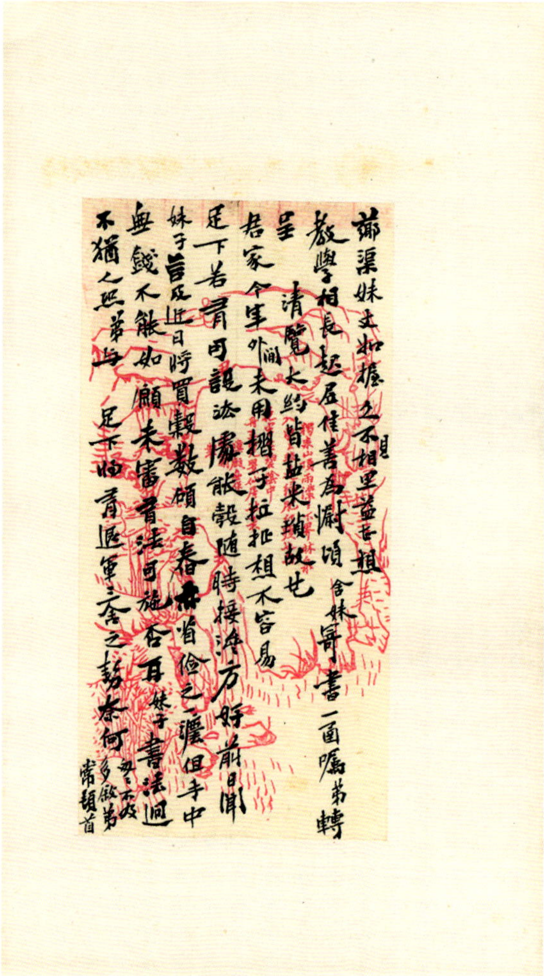

唐才常致妹夫刘善浤书 2

释文

芗渠妹夫如握：

久不见，相思益甚。想教学相长，起居佳善为慰。

顷，舍妹寄书一函，嘱弟转呈清览，大约皆盐米琐故也。君家今年外间未用摺子拉扯，想不容易。足下若有可设法处，能彀随时接济方好。前日闻妹子言及，近日将买谷数硕自舂，亦省俭之一法。但手中无钱，不能如愿，未审有法可施否？再，妹子书法迥不犹人，恐弟与足下将有退军三舍之势，奈何！

匆匆不及多叙，弟常顿首。

按：此信未署年月，据信中“想教学相长”，当系刘善浤在教馆之时。查陈善伟编《唐才常年谱长编》载光绪十八年（壬辰 1892）三月二十八日上父书云“芗渠妹丈与召甘兄同馆庄观察家”及七月初八日上父书“闻之芗渠在学馆熟读《左氏传》及《史记》，甚善甚善。家信来往，多系伊经手，又每次必封转递”，则知刘善浤当时正在省城长沙的庄心安家教馆。而信中内容又为唐才常在浏阳家中之事，则此信作于他光绪十九年（1893）四月由成都返浏阳之后。

（三）

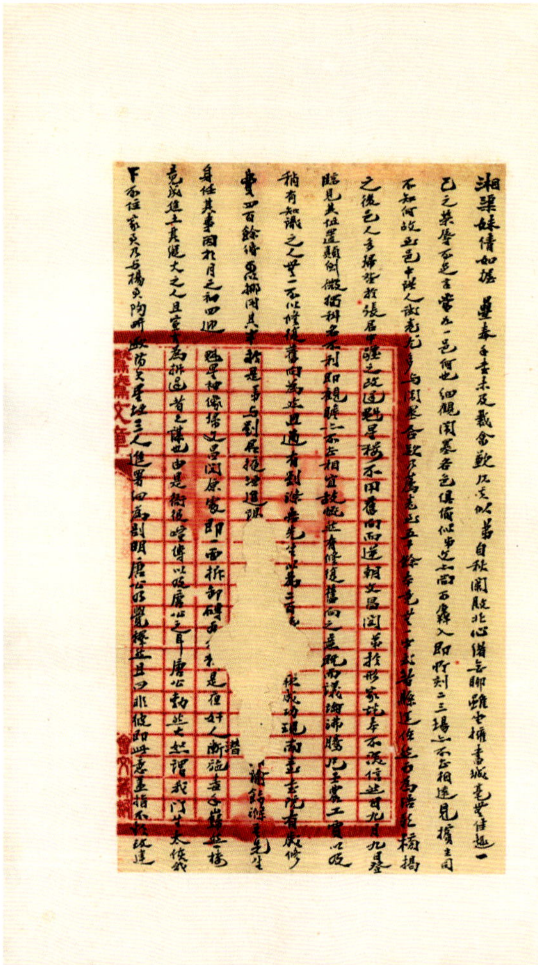

唐才常致妹夫刘善浤书 3—1

释文

湘渠妹倩如握：

叠奉手书，未及裁答，歉仄无似。弟自秋闱败北，心绪无聊，虽坐拥书城，毫无佳趣。一己之荣辱不足言，当如一邑何也？细观闱墨，各色俱备，似弟文亦尚可羼入。即所刻二三场，亦不甚相远，见摈主司，不知何故？至邑中诸人试卷，尤多与闱墨合欵，乃荐卷至五十馀本，竟无一中式者，县运使然，可为浩叹！

榜揭之后，邑人多归咎于张君中躔之改建魁星楼不用旧向，而逆朝文昌阁。弟于形家说本不深信，然自九月九日登临，见其位置颠倒，微独科名不利，即观瞻亦不甚相宜，故慨然有修复旧向之意。既而议论沸腾，凡士农工贾以及稍有知识之人，无一不以修复旧向为然。且适有刘涤吾先生，以为二百缗□□款成功。现南台书院有岁修费四百馀缗，可以挪用其半。于是弟与刘君掖酒进谒□□□□□□□□□□□□□□□□□谕饬涤吾先生身任其事。因于月之初四，迎魁星神像归文昌阁原处，即一面拆卸砖瓦□料。是夜奸人潜施毒手，岿然一楼竟成焦土。其纵火之人且宣言为拆建者之谋也。由是衙役喧传以及唐公之耳。唐公勃然大怒，谓我门生太使我下不住家君。乃与杨君陶畊、欧阳君星垣三人进署，细为剖明，唐公乃觉释然。且曰非彼即此，意盖指不欲改建者也。至不欲改建情形，足下谅已闻之，

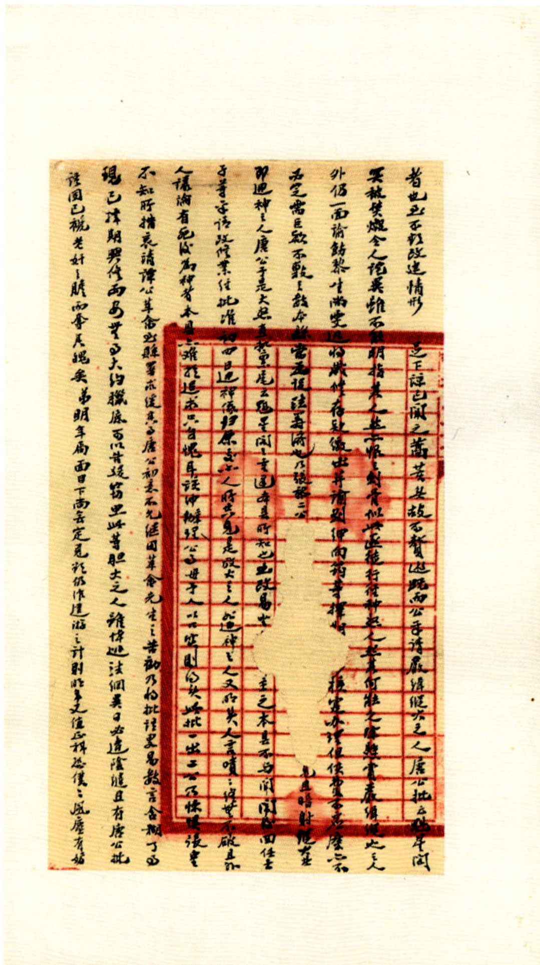

唐才常致妹夫刘善浤书 3—2

蒿荄无故，不赘述。

既而，公乎请严缉纵火之人。唐公批云：“魁星阁突被焚燬，令人诧异，虽不能明指其人，然亦恨之刻骨。似此匪徒行径，神怒人怨，其何能之除！悬赏严缉纵火之人外，仍一面谕饬黎生尚雯迅将岁修存款缴出，并谕刘绅向筠等择期□□核实办理，但使费不应糜，亦不为定需巨款不敷之数，本县当为设法筹济也。”乃张黎二公□□□□□□□□□□□□□□先且暗射纵火者即迎神之人。唐公于是大怒，直批禀尾去：“魁星阁之重建，本县所知也。至改易坐向□□主之，本县不与闻，闱后回任，士子等乎请改修，业经批准，初四日迎神像归原处，亦人所共见，是放火之人非迎神之人又明矣。人言啧啧，终无不破，且外人议论有死后为神者，本县亦难于追求，只自愧耳。该绅办理公事，毋予人以口实则得矣。”

此批一出，二公乃悚惧张皇，不知所措，哀请谭公莘畬至县署求缓其事。唐公初意不允，继因莘畬先生之苦劝，乃将批语略易数言，含糊了事。现已择期兴修，两安无事，大约腊底可以告竣。窃照此等胆大之人，虽倖逃法网，异日必遭阴谴。且有唐公批语，固已褫老奸之胆而夺其魄矣。

弟明年局面，目下尚无定见，欲仍作逗游之计，则明年又值正科，恐仆仆风尘有妨进取；欲坐守穷檐，则家徒四壁，无以为仰事俯畜之谋。

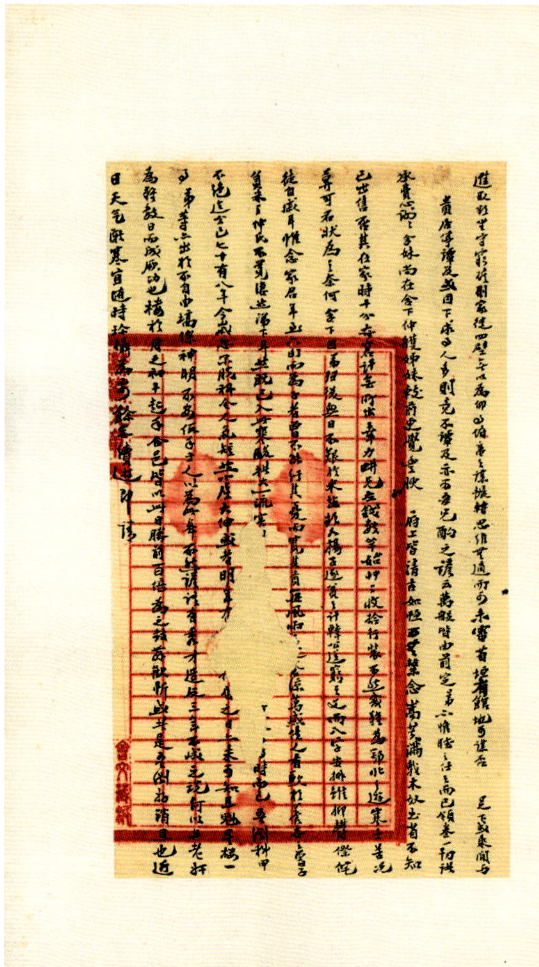

唐才常致妹夫刘善浤书 3—3

辗转思维，无适而可，未审省垣有馆地可谋否？足下或乘间与贵居停谭及，或目下求事人多，则竟不谭及亦可，吾兄酌之。谚云：“万般皆由前定。”弟亦惟听之任之而已。领卷一切，诸承费心，谢谢！

舍妹尚在舍下，仲朦姊妹较前更觉丰腴，府上皆清吉如恒，可无系念。嵩芙满载木奴至省，不知已出售否？其在家时，十分奇窘，计无所出，幸力畊兄左钱数竿，始草草收拾行装，不然，几难为鄂北之游。寒士苦况，莫可名状，为之奈何！舍下自弟归后，无日不艰于米盐，顿如扬子逐贫之计、韩公送穷之文，而八字安排，虽抑郁傺侘，徒自戚耳。惟念家君年至六旬，而为子者曾不能纾其忧而宽其贫，每风雨□□，苍凉万感传人，有歉于养志之曾子贫米事，仲氏不觉凄然涕下耳。然既已入此寒酸措大一流，实□□□□□□□□□□□□□□时而已。吾浏科甲不绝，迄今已七十有八年。今岁忽尔脱科，令人气短，然小屈大伸，或者明年有□□□□之日，亦未可知。且魁星楼一事，弟等亦出于不自由，确系神明不安，假手于人以为此舛。不然，谚语有“秀才造反，三年不成”之说，何以其老奸为难数日而成厥功也。楼于月之初十起手，合邑皆以此日胜前百倍，为之鼓舞欢忻，或者是吾浏好消息也。近日天气渐寒，宜随时珍摄为要。馀容续述，即请

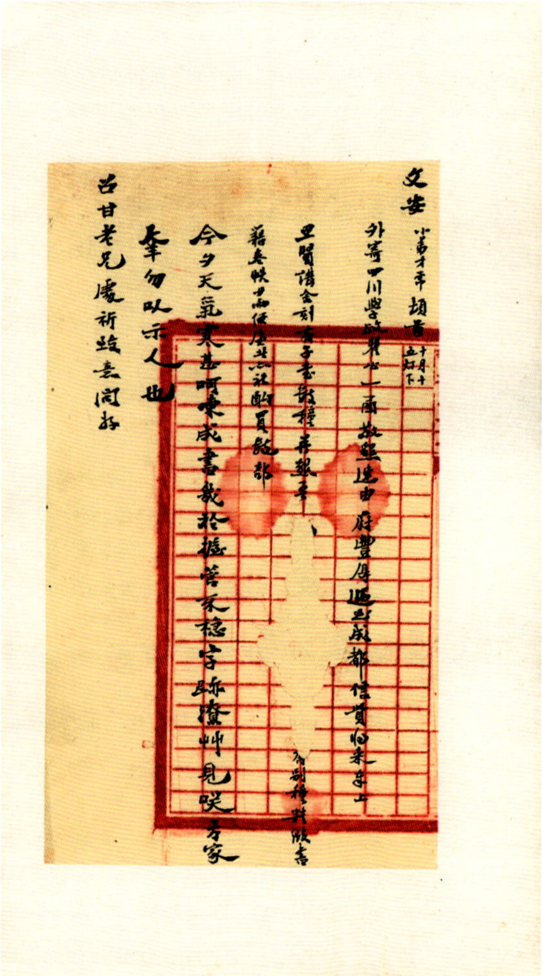

唐才常致妹夫刘善浤书 3—4

文安

小弟才常　顿首 十月十五灯下

外寄四川学政瞿公一函，敬恳递由蔚丰厚递至成都，信赀将来奉上。

思贤讲舍刻有子书数种，并恳吾兄□□□□□□□□□纸别种精致书籍卷帙毋敝虚者，亦请酌买数部。

今夕天气寒甚，呵冻成书，几于握管不稳，字迹潦草，见笑方家，幸勿以示人也。

召甘老兄处，祈致意问好！

（四）

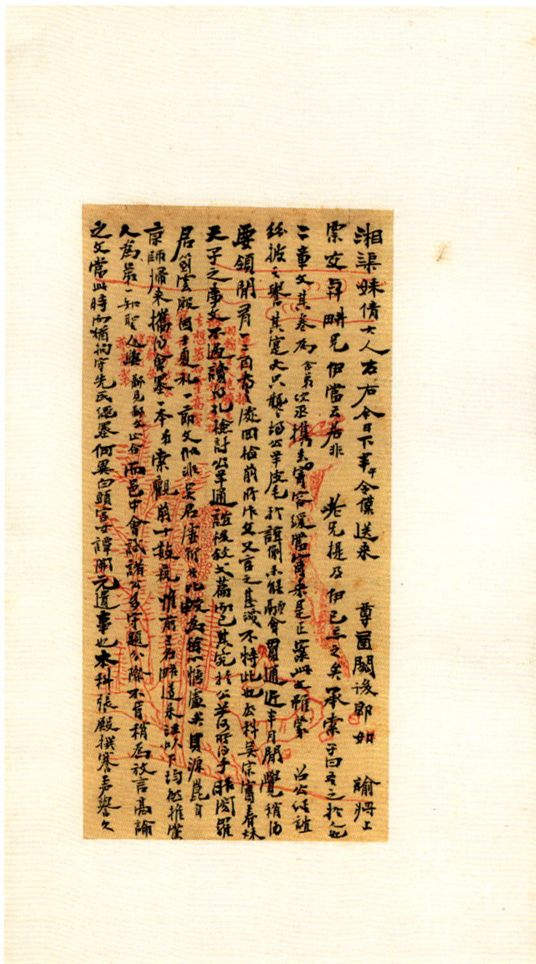

唐才常致妹夫刘善浤书 4—1

释文

湘渠妹倩大人左右：

今日下半午，令仆送来尊函，阅后即如谕将上票交与畊兄，伊当云：若非老兄提及，伊已忘之矣。

承索子曰“吾之于人也”二章文，其卷为舍弟次丞携去，寄容缓，当寄来是正。案：此文虽蒙召公经谊纷披之誉，其实大只袭得公羊皮毛，于谊例未能融会贯通。近半月间，觉稍得要领，间有一二百卷之处，回检前所作文，又言之甚浅。不特此也，去科吴宗实春秋天子之事，文不过读，以札检讨，《公羊通谊》后叙一篇而已，其究于公羊，何所得乎？昨阅罗君篘云“殷因于夏礼”一节，文似非吴君虚衍者，比较为称心惬虑矣。

贝源崑自京帅归来，携得会墨一本，弟索观前十数艺，惟前三名略遵朱注，以下均极推党人为第一知圣人，与鄙见鄙文正合。而邑中会试诸公，多守题分际，不肯稍为放言高论之文。当此时而犹拘守先民绳墨，何异白头宫女谭开元遗事也。本科张殿撰謇，声誉久著，名

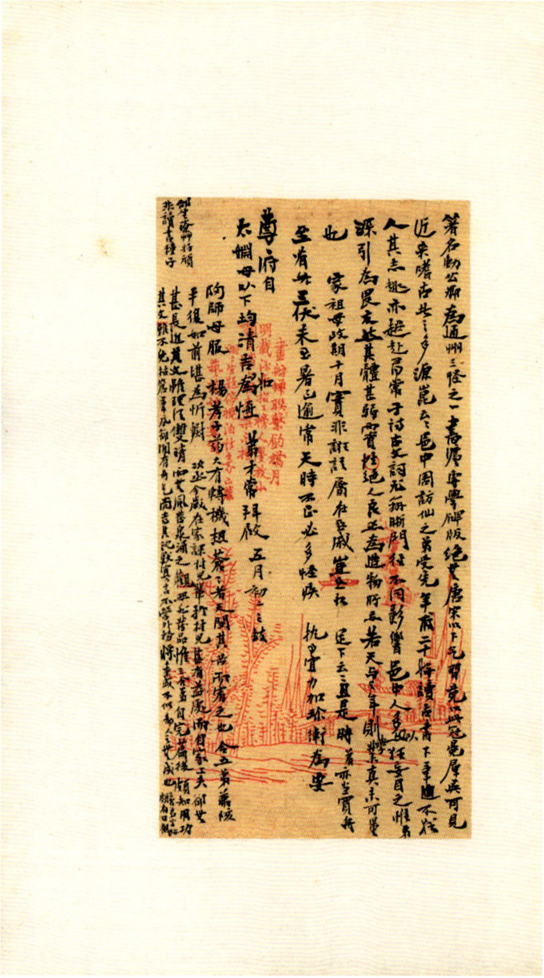

唐才常致妹夫刘善浤书 4—2

动公卿，为通州三怪之一。书法专学碑版，绝其唐宋以下气习，竟以此冠冕群英，可见近来嗜古者之多。源崑云：邑中周访仙之弟受先，年甫二十侍读古书，下笔迥不犹人，其志趣示超赴寻常。于诗古文词，尤辨晰门径，不同影响。邑中人多以狂妄目之，惟弟深引为畏友。然其体甚弱，而资性绝人，良然为造物所忌。若天与之年，则学业真未可量也。

家祖母改期十月，实非诳语，属在至戚，岂至如足下云云。且是时，弟亦当买舟至省矣。三伏未至，暑已逾常，天时不正，必多怪疾，执事宜力加珍卫为要。

尊府自太姻母以下均清吉如恒。

弟才常拜启 五月初二三鼓

郃生潦草好顽，非读书种子。

陶师母服杨孝子药，大有转机。想苍苍者天，闵其苦而宥之也。令五弟茀陔平复如前，堪为忻慰。次丞今岁在家课桂儿辈，于桂儿甚有益处，而自家工夫却无甚长进。其文虽理法双清，而其风发泉涌之观，恐非发品。惟三舍弟自完篇后，颇知用功。其文虽不免枯窘笔风，却间有奇气尚吉，其沉默寡言，不营外务，将来或不似鄙人之无成也。王弟字迹颇有日。

按：据书信中讨论《公羊经》作文、索观会墨经艺及“且是时，弟亦当买舟至省矣”等内容，可知此书作于光绪二十年正科乡试之备考阶段的五月初二日。唐才常虽于是年春间已考入两湖书院，但写此信时当在浏阳家中。

（五）

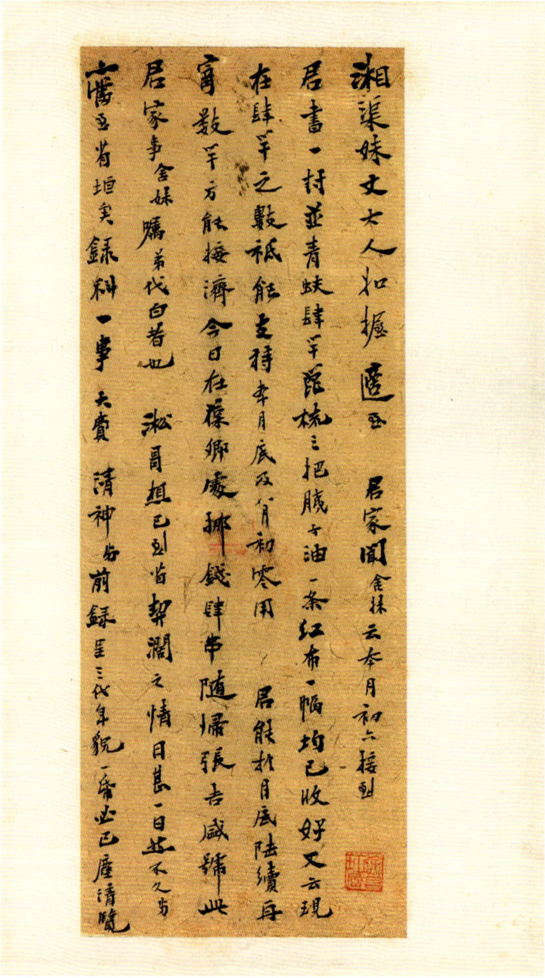

唐才常致妹夫刘善浤书 5—1

释文

湘渠妹丈大人如握：

适至君家，闻舍妹云，本月初六接到君书一封，并青蚨肆竿，篦梳三把，胰子油一条，红布一幅，均已收好。又云现在肆竿之数，只能支持本月底及八月初零用。君能于月底陆续再寄数竿，方能接济。今日在葆卿处挪钱肆串，随归张吉盛号。此君家事，舍妹嘱弟代白者也。

淞哥想已到省，契阔之情，日甚一日，然不久弟亦当至省垣矣。录科一事，大费精神，弟前录呈三代年貌一纸，必已尘清览，然刻下

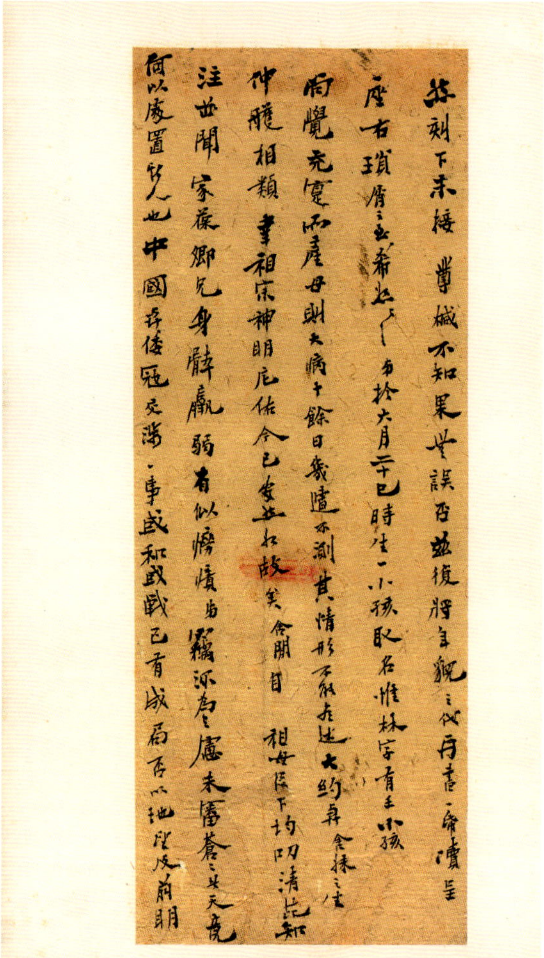

於刻下未接尊緘不知果無誤否茲復將年貌之似丹青一幅讀呈
座右瑣屑之事希恕之內於六月二十巳時生一小孩取名惟林字肯壬小孩
兩覺充寬而產母則大病十餘日幾瀕不測其情形不敢盡述大約弟舍妹之生
神體相類幸祖宗神明庇佑今已安然無故矣舍閒目祖母臣下均叨清庇知
注世間家藏鄉兄身體羸弱有似勝墳弟竊深為之慮未審蒼蒼之天竟
何以處置我人也中國與倭寇交涉之事或和或戰已有成局否以地理度前明

唐才常致妹夫刘善涘书 5—2

未接尊械，不知果无误否。兹复将年貌三代再书一纸，渎呈座右。琐屑之至，希恕之。

弟于六月二十巳时生一小孩，取名惟林，字有壬。小孩尚觉充实，而产母则大病十馀日，几遭不测，其情形不能尽述，大约与舍妹之生仲馥相类。幸祖宗神明庀佑，今已安然如故矣。舍间自祖母以下均叨清芘。知注并闻家葆卿兄身体羸弱，有似痨瘨。弟窃深为之虑，未审苍苍者天，竟何以处置斯人也。

中国与倭寇交涉一事，或和或战，已有成局否？以地望及前明情

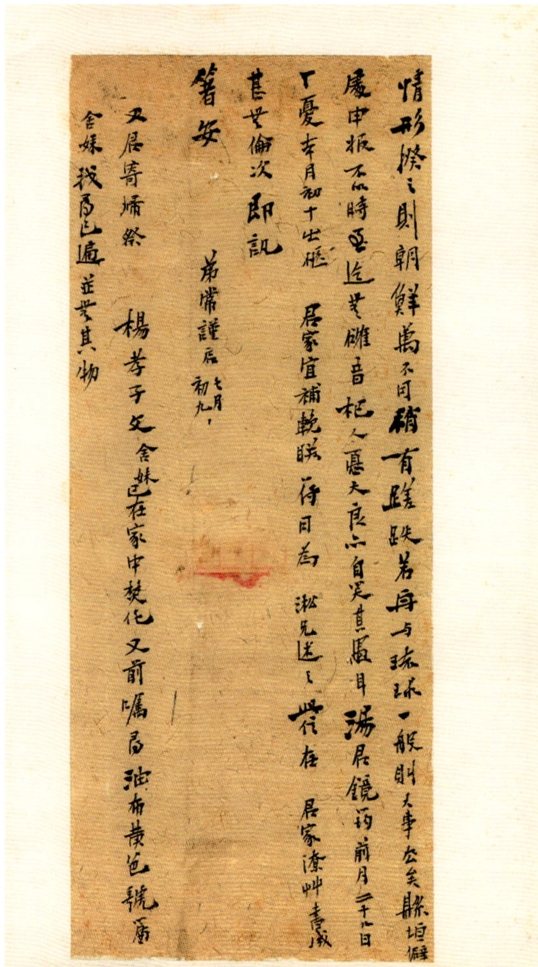

情形揆之則朝鮮萬不可稍有蹉跌若再與琉球一般則大事去矣縣垣僻
處中振不時至近雖杞人之憂大良亦自定直厲耳湯居鏡於前月二十七日
丁憂本月初十出殯　居家宜補較暇待日為　淞兄送之喪在　居家涤艸未識
甚望倫次即訊
箸安　　弟常謹啟　七月初九日
又居寄婦祭　楊孝子文　舍妹已在家中焚化　又前囑買油布黃色號席
舍妹殺買已遍　並無其物

唐才常致妹夫刘善浤书 5—3

形揆之，则朝鲜万不可稍有蹉跌，若再与琉球一般，则大事去矣。县垣僻处，《申报》不以时至，迄无确音，杞人忧天，良亦自笑其愚耳。

汤君镜筠，前月二十八日丁忧，本月初十出柩，君家宜补挽联一付。日为淞兄述之，此信在君家。潦草书成，甚无伦次。即讯

著安！

弟常谨启　　七月初九

又，君寄归祭杨孝子文，舍妹已在家中焚化。又前嘱寻油布黄色号篇，舍妹找寻已遍，并无其物。

按：据信中“淞哥想已到省”、“不久弟亦当至省垣矣”及“中国与倭寇交涉一事，或和或战”等内容，知此信当作于光绪二十年（甲午，1894）七月初九日，即唐才常赴长沙参加乡试之前。是年为乡试正科，由此信可知唐才常、刘善涵均参加了这次乡试。又陈善伟编《唐才常年谱长编》云：“是年，三子有壬生于浏阳。”与此信中“弟于六月二十巳时生一小孩，取名惟林，字有壬”亦互相印证，信中所述生子日期比年谱更为明确。

（六）

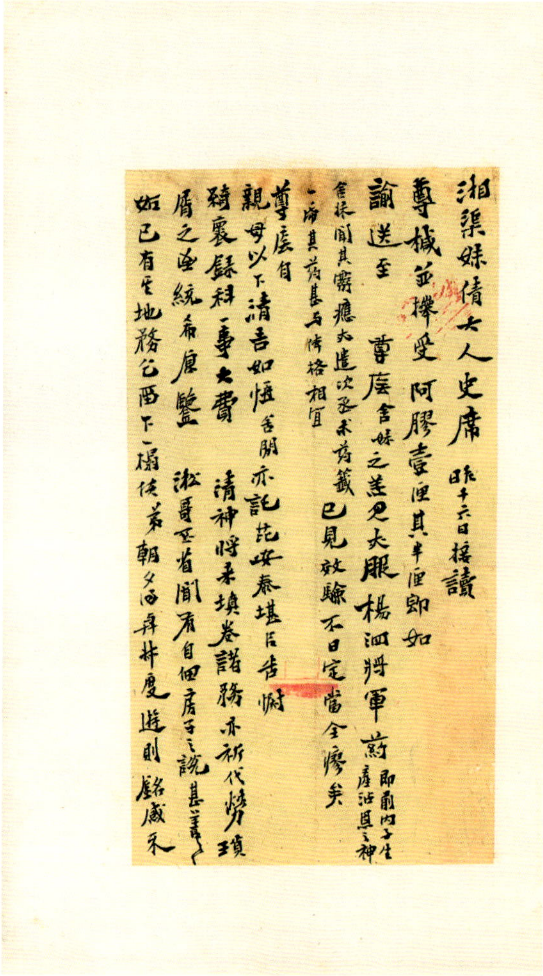
湘渠妹倩大人史席 昨十六日接讀
尊緘並拜受阿膠壹匣其半匣即如
諭送至 尊處舍妹之恙兄大服楊泗將軍藥 即爾內子生產治恙之神
舍妹聞其靈應太遣次丞求藥籤 已見效驗不日定當全瘳矣
一服其藥甚為體格相宜
尊處自
親母以下清吉如恆 舍間亦託庇安泰堪以告慰
積褒錄科一事大費 清神將來填卷諸務亦祈代勞瑣
屑之至統希 原鑒 淞哥至省聞有自回房子之說甚善甚善
如已有空地務乞西下一攜使弟朝夕得與抃度遊則感禾

唐才常致妹夫刘善浤书 6—1

释文

湘渠妹倩大人史席：

昨十六日接读尊槭，并捧受阿胶壹匣，其半匣即如谕送至尊房。舍妹之恙，爽服杨泗将军药，即前内子生产沾恩之神。舍妹闻其灵应爽遣。次丞求药笺一纸，其药甚与体格相宜。已见效验，不日定当全瘳矣。尊房自亲母以下清吉如恒，舍间亦托芘安泰，堪以告慰。

绮褒录科一事大费清神，将来填卷诸务亦祈代劳，琐屑之至，统希原鉴。淞哥至省，闻有自佃房子之说，甚羡之，如已有其地，务乞留下一榻，使弟朝夕得与叔度游，则铭感不尽矣。

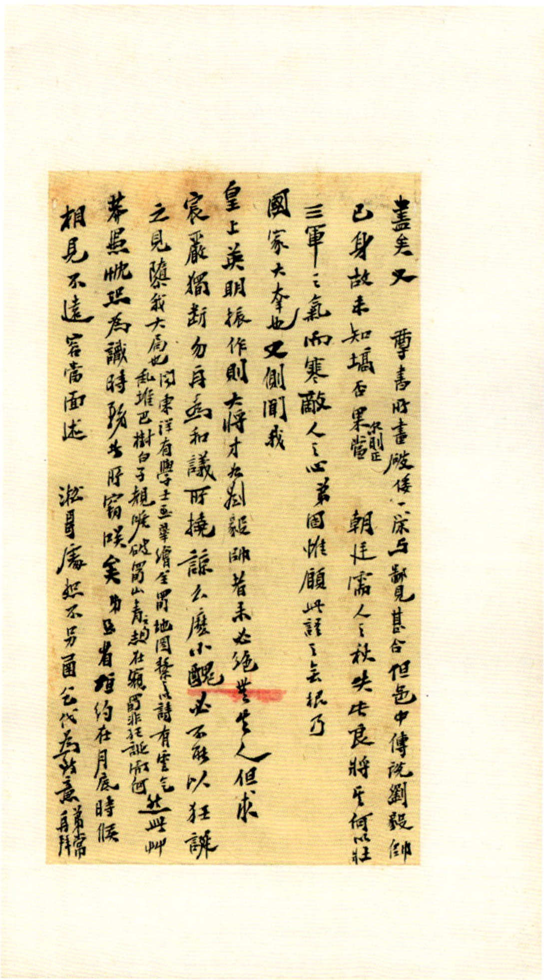

盡矣。又尊書所畫破倭之策，與鄙見甚合。但邑中傳說劉毅帥已身故，未知確否。果爾則正當朝廷需人之秋，失此良將，乎何以壯三軍之氣而寒敵人之心。萬國惟願此語之無根，乃國家大幸也。又側聞我皇上英明振作，則大將才如劉毅帥者未必絕無其人，但求宸衷獨斷，勿爲和議所撓，諒么麼小醜必不能以狂謀之見隳我大局也。聞東洋有學士丞華繪全蜀地圖，祭之詩有云：亂堆巴樹白，子規喚破蜀山青。其志在窺蜀，非狂誕所能也。此州幕賓恐爲讖，時殊未見窺伺矣。弟亦省垣約在月底時候，相見不遠，容當面述。淑寄嫂姐不另函，乞代爲致意。弟常再拜

唐才常致妹夫刘善浤书 6—2

又尊书所书破倭一策，与鄙见甚合，但邑中传说刘毅帅已身故，未知确否？果尔，则正当朝廷需人之秋，失此良将，其何以壮三军之气，而寒敌人之心。弟固惟愿此语之无根，乃国家大幸也。又侧闻我皇上英明振作，则大将才如刘毅帅者，未必绝无其人，但求宸严独断，勿再为和议所挠，谅幺麽小丑，必不能以狂诞之见隳我大局也。闻东洋有学士至华绘全蜀地图，系之以诗，有“云气乱堆巴树白，子规啼破蜀山青”之句，志在窥蜀，非狂诞而何！然此草莽愚忧，恐为识时务者所窃笑矣。

弟至省垣，约在月底时候，相见不远，容当面述。淞哥处恕不另函，乞代为致意。

弟常再拜

按：此信未署年月，据其所述“淞哥至省闻有佃房子之说”及刘毅帅已身故传说，知当作于光绪二十年(甲午，1894)，即上一封书信七月初九日之后，唐才常七月底至省会长沙参加会试之前。

三 《唐其恕致女婿刘善浤书》

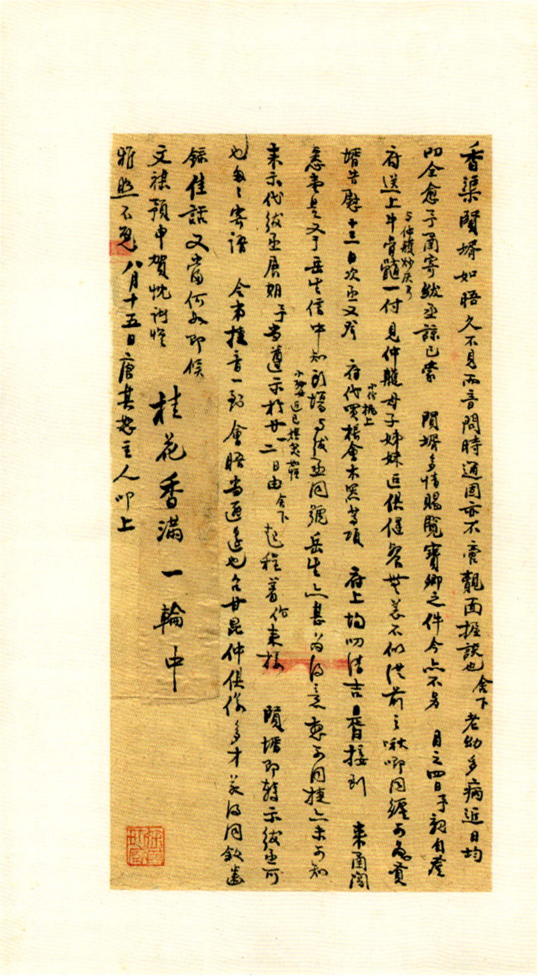

唐其恕致女婿刘善浤信札

释文

香渠贤婿如晤：

久不见而音问时通，固亦不啻觌面握谈也。舍下老幼多病，近日均叨全愈。予函寄绂丞，谅已蒙陨婿多情赐览，宝卿之件今亦不另。

月之四日，予亲自登府送上与仲臒炒灰丐牛骨髓一付，见仲臒母子姊妹近俱健餐无恙，不似从前之啾唧同缠，可为贤婿告慰。十三日，次丞又登府代买小侄桃上帐会木器等项，府上均叨清吉。是日接到来函，阅悉壹是。又于岳生信中知此场与绂丞同号，岳生亦甚为得意，想可同捷，亦未可知。小孙女近已嬉笑如恒。来示代绂丞展期，予当遵示于廿一二日由舍下起程，着伦来接贤婿，即转示绂丞可也。

匆匆寄语，令弟捷音一到，会晤当匪远也。召甘昆仲俱系多才，获得同叙齿录佳语，又当何如！即候

文祺！　预申贺忱，诸惟　桂花香满一轮中

雅照不免

八月十五日，唐其恕主人叩上

按：此系唐才常之父其恕（唐才质与陈善伟二君所撰年谱，均只言才常兄弟之父贤畴，号寿田，而未言及“其恕”本名）写给女婿刘善浤的书信，行云流水，字迹潇洒秀丽，是珍贵文物。据其内容，可知当书于光绪十九年（1893）秋闱期间的八月十五日。时唐才常、刘善涵、邹岳生等浏阳考生皆同届与试，最终却无一中举。

四《唐才中致姻兄刘善浤书》

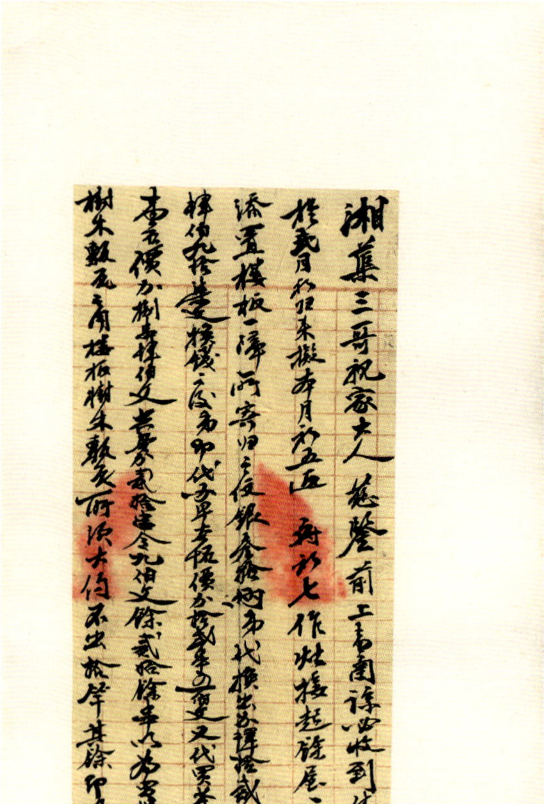

唐才中致姻兄刘善浤信札 1

释文

湘蕖三哥亲家大人慈鉴：

前上壹函，谅必收到。集祜于二月初归来，拟本月初五返府。初七作灶，接起馀屋一二间，添置楼板一障。所寄归之纹银叁拾两，弟代换出为肆拾贰串肆佰九拾柒文。换钱之后，弟即代办早谷十石，价为拾弍串五佰文。又代买茶油壹石，价为捌串肆佰文，共费为弍拾串令九佰文。馀贰拾馀串，以为买楼板树木砖瓦之用。楼板树木砖瓦所须，大约不出拾竿。其馀即以为各项令用之赀。大凡起家之日，一切规模

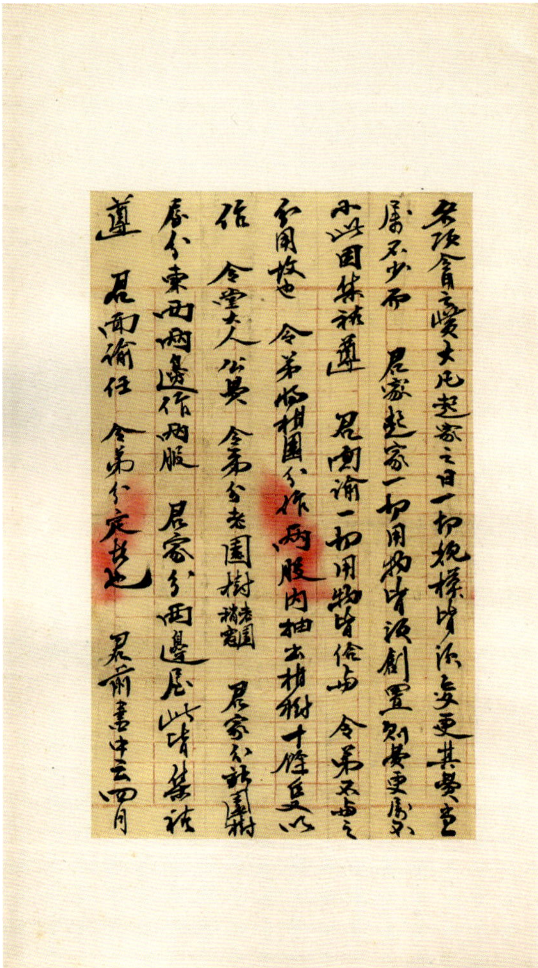

唐才中致姻兄刘善浤信札 2

皆须变更，其费当属不少，而君家起家一切用物皆须创置，则费更属不小。此因集祐遵君面谕，一切用物皆佮与令弟不与之分用故也。令弟将柑园分作两股，内抽出柑树十馀只以作令堂大人公费。令弟分老园树，老园稍宽。君家分新园树，屋分东西两边作两股，君家分西边屋。此皆集祐遵君面谕，任令弟分定者也。

君前书中云："四月间，当再行寄款归来。"敬祈准的寄归为幸。

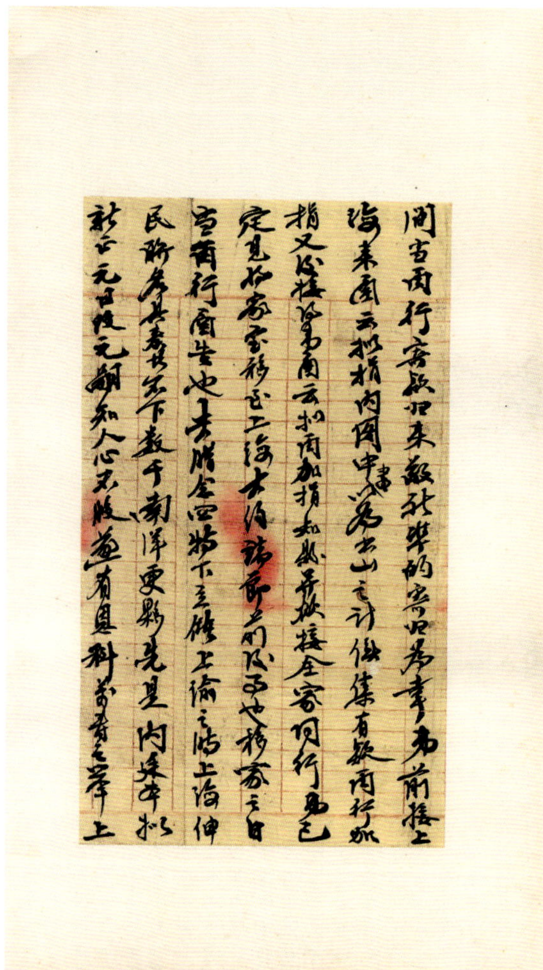
闻吉甫行寄叔如来敝称毕的[illegible]为章弟前接上
海来函云拟捐内阁中书以为出山之计俟集有款再行派
捐又以桂[illegible]函云拟再加捐知县并拟接全家同行弟已
定见将家眷移至上海大约端节前后可以移家至日
当再行函告也吉甫今回将下至体上谕之语上海伸
民[illegible]各长春共下数千南洋更见先是内[illegible]拟
新正元日复元始知人心不服并有[illegible]料[illegible]之举上

唐才中致姻兄刘善浤信札 3

弟前接上海来函，云拟捐内阁中书，以为出山之计，俟集有款再行加捐。又后接得壹函云，拟再加捐知县，并欲接全家同行。弟已定见将家室移至上海，大约端节前后事也。移家之日，当再行函告也。

去腊念四，特下立储上谕之时，上海绅民联名具奏者不下数千，南洋更夥。先是内廷本拟新正元日设元嗣，知人心不服，遂有恩科万寿之举。上海绅民具奏者，有一道千馀名之折，署首名者为电报局提

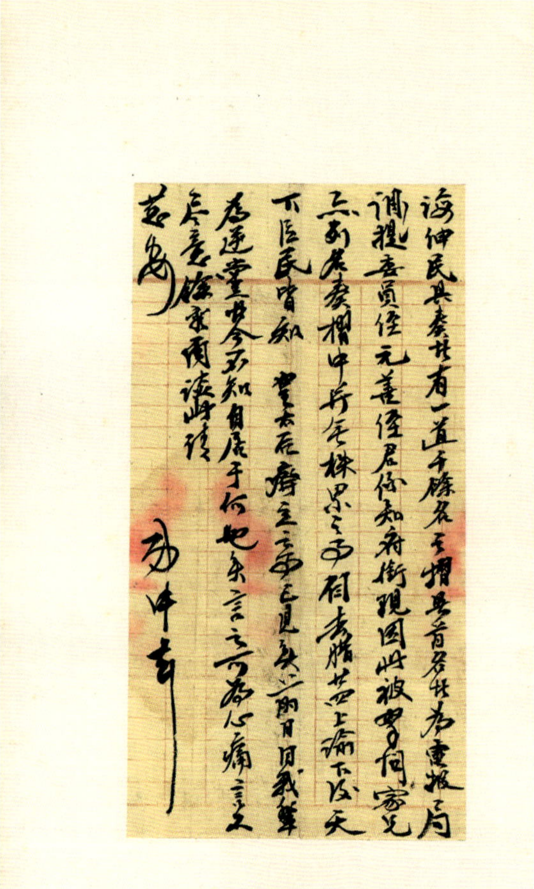

唐才中致姻兄刘善浤信札 4

调委员经元善。经君系知府衔，现因此被拏问。家兄亦列名奏折中，并无株累之事。自去腊廿四上谕下后，天下臣民皆知皇太后废立之事，已见头前日目我辈为逆党，业今不知自居于何地矣。言之可为心痛！言不尽意，馀容再谈。此请

慈安！

弟中奉

按：据信中内容“去腊念四，特下立储上谕之时”，知此信作于光绪廿六年（庚子 1900），即上年“己亥”腊月二十四日（1990 年 1 月 24 日）慈禧太后下谕废黜光绪皇帝的次年四月间。1898 年戊戌政变后，慈禧于 1899 年底召集王公大臣，议决立溥儁为大阿哥，并预定庚子元旦（1990 年 1 月 31 日）光绪皇帝行让位礼，溥儁登基，改元“保庆”。消息传出，遭到各国公使反对，上海绅商和维新人士经元善等 1231 人联名通电反对，并得到各地响应。慈禧被迫搁置废立计划。作者唐才中，唐才常之二弟，字次丞，后改慈尘。

五 唐才常《兴学堂论》手稿

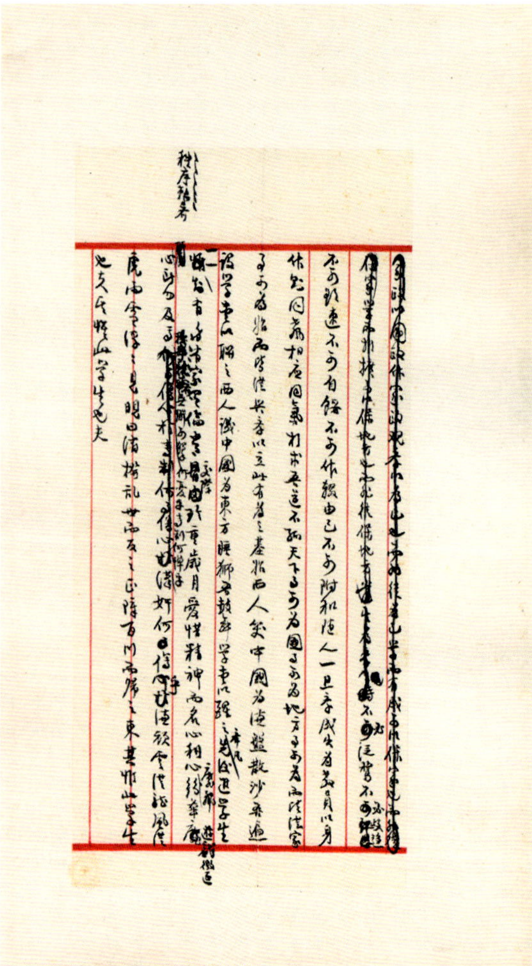

唐才常《兴学堂论》手稿 2

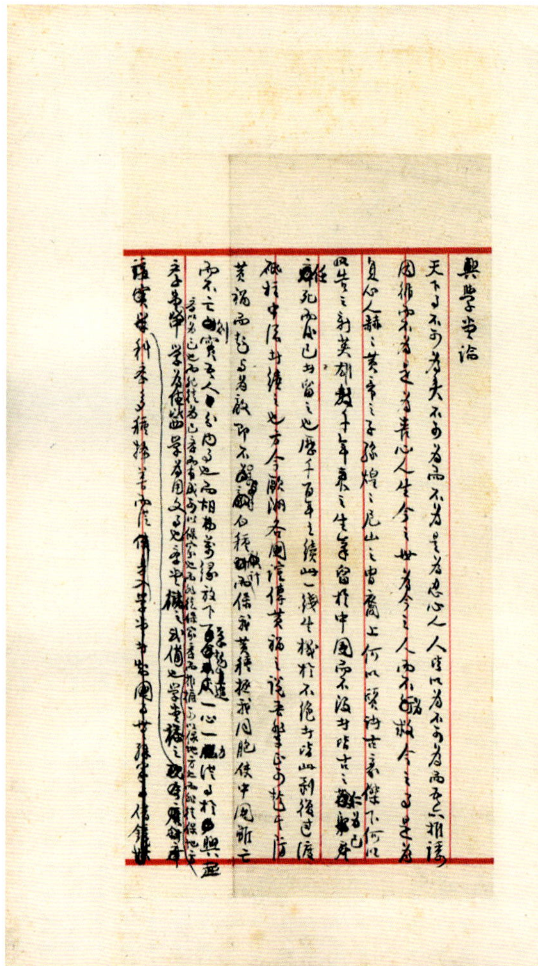

唐才常《兴学堂论》手稿 1

释文

兴学堂论

天下事不可为矣。不可为而不为，是为忍心。人人皆以为不可为而吾亦推诿因循而不为，是为丧心。人生今之世，为今之人，而不为救今之事，是为负心。人赫赫黄帝之子孙，煌煌尼山之肻裔，上何以质诸古豪杰，下何以告之新英雄！数千年来之生气留于中国而不没者，皆古之仁为己任、死而后已者留之也。历千百年之续此一线生机于不绝者，皆此剥复过渡、砥柱中流者续之也。

方今欧洲各国喧传黄祸之说，吾辈正可趁其防黄祸而起与为敌，即不自种计，而保我黄种，拯我同胞，使中国虽亡而不亡，则实吾人分内事也。而胡弗万缘放下，急起直追，一心一力从事于兴起学堂。学以为己也，而非徒为己学，而有成可以保家也；而非徒保家学，而非捅可以保地方也，而非徒保地方。

以中学为体，以西学为用，文事也；学堂储之，武备也；学堂裕之，科学多种，务善而从。不必从骛，不必歧趋，不可欲速，不可自馁，不可作辍由己，不可附和随人。一旦学成，出为教员，以身作则，同声相应，同气相求，吾道不孤，天下事可为，国事可为，地方事可为，而皆从家事可为始，而皆从兴学以立，此有为之基始。

西人笑中国为满盘散沙，吾遍设学堂以联之；西人议中国为东方睡狮，吾鼓舞学堂以醒之。举凡先后进学生，一一知有身有家，有伦遗交际，珍重岁月，爱惜精神，而名心利心，靡丽纷华，游戏征逐，心所勿及，专，无懈可击，何忧乎专制，何惮乎汉奸，何僔乎满顽。云从龙，风从虎，雨雪浮浮，见晛曰消，拨乱世而反之正，障百川而归之东，其惟此学生也夫，其惟此学生也夫！

按：这是一篇唐才常撰写的论文草稿，主旨是兴学救国。从文中“天下事不可为矣”与“何忧乎专制，何惮乎汉奸，何僔乎满顽”等文句，可见其仇满反清之情绪已高，当作于戊戌维新政变之后。

六 熊希龄题徐善伯所藏《唐氏父子遗墨》

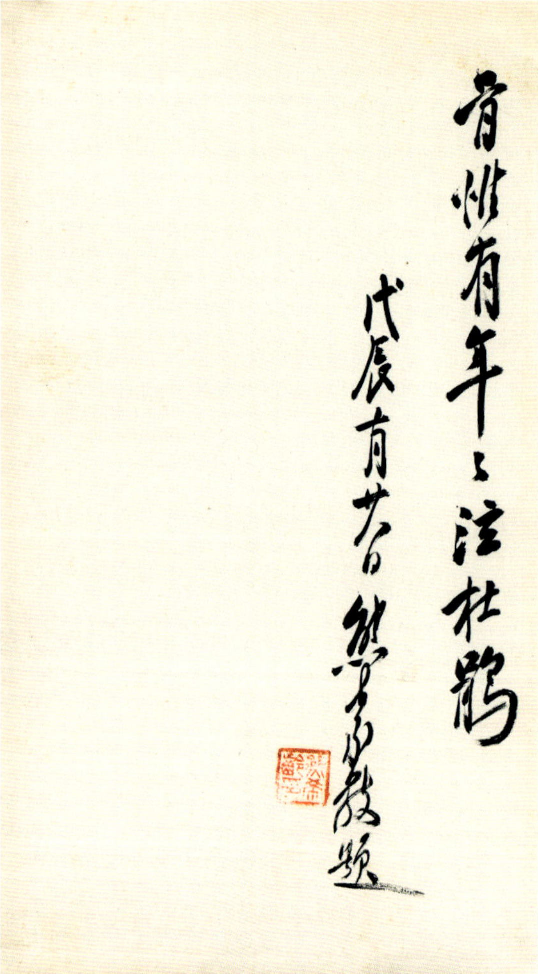
宵惟有年年泣杜鵑

戊辰[illegible]廿日 熊希齡敬題

熊希龄题徐善伯所藏《唐氏父子遗墨》2

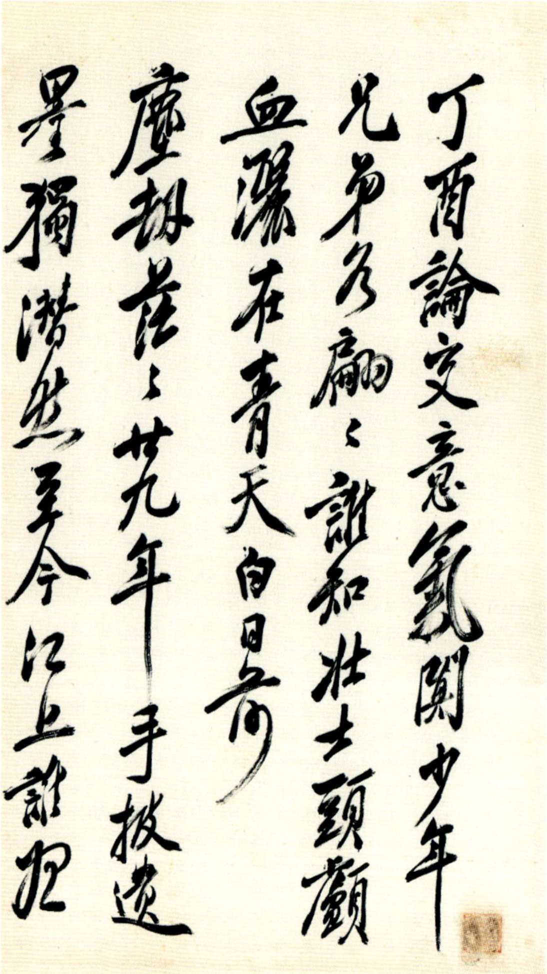
丁酉論文意氣間少年

兄弟名翩翩誰知壯士頭顱

血灑在青天白日前

歷劫茫茫廿九年手披遺

墨獨潸然至今江上誰招

熊希龄题徐善伯所藏《唐氏父子遗墨》1

释文

丁酉论交意气阗，少年兄弟各翩翩。
谁知壮士头颅血，洒在青天白日前。

尘劫茫茫廿九年，手披遗墨独潸然。
至今江上谁归骨，惟有年年泣杜鹃。

戊辰十月廿八日，熊希龄敬题
（下有熊希龄印）

注：此题词见载于《熊希龄遗稿 5·双清集》第 5214 页，标题为《题徐善伯所集唐拂尘兄弟遗墨》。

《唐氏父子遗墨》封底

后记

文物，记录灿烂文明，传承历史文化。保护和利用文物是博物馆应尽之责和基本义务。《浏阳遗珍》编写任务下达后，几经研讨，确定由领导班子牵头组织，分为4个编写小组，每组2~5人，购买参考文献，聘请专家专题培训，对提纲、初稿、正稿进行3次审核，前后耗时近3年，才得以完成编写任务。因而此书是浏阳市博物馆集体智慧的结晶。

参与写作人员名单：寻春林（前言与初审）、周群松（39篇）、兰迪（39篇）、黄丽（25篇）、彭杉（15篇）、向田甜（12篇）、张小玲（11篇）、任新民（10篇）、李仕春（9篇）、林洪（4篇）、任伶俐（2篇）、夏剑钦（1篇）、寻艳艳（1篇）、万霞先（1篇）、熊波（1篇）、任娟娟（1篇）、汤玉敏（1篇）、黄姿（1篇）、付天敏（1篇）、刘琴（1篇）、梁利娜（1篇）、冷雨香（1篇）。

在编写过程中，得到了浏阳市政协、湖南省博物馆、长沙市博物馆、衡阳市博物馆的支持与关怀，得到了黄朴华、任新民、王鲁尘等专家学者的指导与帮助，在此一并深表感谢！

由于写作水平有限，文章如有不妥之处，敬请批评指正。

浏阳市博物馆

图书在版编目（CIP）数据

浏阳遗珍 / 浏阳市博物馆编著 . — 长沙：岳麓书社，2021.6
ISBN 978-7-5538-1509-1

Ⅰ . ①浏…　Ⅱ . ①浏…　Ⅲ . ①博物馆—历史文物—浏阳—图集
Ⅳ . ① K872.644.2

中国版本图书馆 CIP 数据核字（2021）第 109766 号

书　　名　浏阳遗珍
　　　　　LIUYANG YIZHEN

编　　著　浏阳市博物馆
摄影作者　熊　剑
责任编辑　王文西
责任校对　舒　舍
书籍设计　绿光视觉艺术工作室
出版发行　岳麓书社
地　　址　湖南省长沙市爱民路 47 号
直销电话　0731-88804152　0731-88885616
邮　　编　410006
版　　次　2021 年 6 月第 1 版
印　　次　2021 年 6 月第 1 次印刷
开　　本　787mm × 1092mm　1/16
印　　张　22.75
字　　数　280 千字
书　　号　ISBN 978-7-5538-1509-1
定　　价　260.00 元
承　　印　雅昌文化（集团）有限公司